9 マネジメント基本全集
The Basics of Management

経営組織 Organization
オーガニゼーション

組織デザインと組織変革

松崎 和久 編著

学文社

執筆者紹介 （執筆順，現職・執筆担当・主要著書）

茂垣　広志（もがき　ひろし）　横浜国立大学経営学部教授　　第1章担当
『グローカル経営』（共著）同文舘，2004年
『国際経営を学ぶ人のために』（編著）世界思想社，2001年
『グローバル戦略経営』学文社，2001年

石坂　庸祐（いしざか　ようすけ）　九州共立大学経済学部助教授　　第2・3・4・5章担当
「資源ベース論のポテンシャル」『明治大学経営論集』2002年
「戦略形成とメタファー」『九州共立大学経済学部紀要』2003年
「組織コンフィギュレーション・アプローチに関する一考察『九州共立大学経済学部紀要』2005年

山田　敏之（やまだ　としゆき）　機械振興協会経済研究所研究員　　第6・7・11章担当
「個人の倫理的意思決定に及ぼす組織風土の影響」『麗澤経済研究』（共著），2005年
「企業の環境戦略と競争力」『機械経済研究』2002年
「機械関連企業の廃棄物削減活動に関する実証研究」『機械経済研究』1999年

松崎　和久（まつざき　かずひさ）　高千穂大学経営学部教授　　第8・9・10・13章担当及び編者
『トライアド経営の論理』同文舘，2005年
『日本企業のグループ経営と学習』（編著）同文舘，2004年
『経営学の多角的視座』（編著）創成社，2002年

根本　孝（ねもと　たかし）　明治大学経営学部教授　　第12章担当
『ラーニング組織の再生』同文舘，2005年
『グローカル経営』同文舘，2004年
「アメリカ企業の経営革新」薗出碩也編著『現代企業の自己革新』学文社，1999年

はしがき

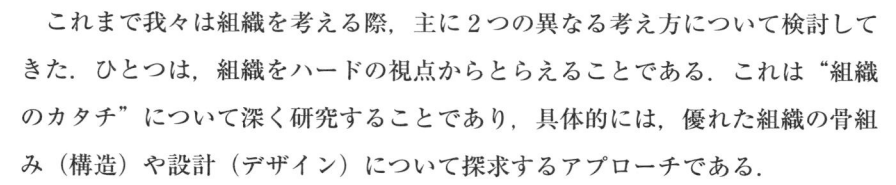

　これまで我々は組織を考える際，主に2つの異なる考え方について検討してきた．ひとつは，組織をハードの視点からとらえることである．これは"組織のカタチ"について深く研究することであり，具体的には，優れた組織の骨組み（構造）や設計（デザイン）について探求するアプローチである．

　もうひとつは，組織をソフトの視点から捉えることである．これは"組織のナカミ"を吟味するものであり，優秀な企業やマネジメントとは，組織を構成する人的資源（人材）の優れたパフォーマンスに依存すると見るアプローチである．

　このような組織研究において，これまで支配的であったハードとソフトのどちらかに焦点をあてた二元論の研究スタンスは，もはや限界を迎えつつある．組織のカタチへのかかわりも，また，組織のナカミの向上も，優秀企業にとっては不可欠な課題であり，単純な二者選択論ではないからである．つまり，卓越したエクセレント・カンパニーは，単に組織の骨格をなす構造（ハード）と中味である人的資源（ソフト）が同時に優秀であることだけではなく，構造という「知識基盤」が社員を後押しし，社員という「知識イノベーター」が構造を通じて強化される，相乗効果の関係を内包しているのである．

　このため，すぐれた組織研究とは，ハードとソフトの両面に焦点をあてながら，これらの統合を目指すものであると考えられる．

　ここで本書の主要な内容について触れておこう．

　第Ⅰ部の「経営組織」では，大きく5つの章から，今日の組織のあり方または発展方向など，いわゆる「組織の基礎」について考察を行う．第1章「組織とは何か」では，なぜ組織は形成されるのか，組織の存続の条件や課題など組織の本質について議論する．第2章「組織目的と組織成果」では，企業組織を「多目標指向型システム」ととらえ，組織目的の体系，経営理念の必要性，組織成果の測定等について検討する．第3章「組織間関係」では，組織と組織の

はしがき

関係性について触れている．主に日本の企業グループや企業系列の形成，純粋な内部取引とオープンな市場取引のちょうど中間に位置する第3の取引形態である中間組織の原理，さらに外部企業とのアライアンス（企業間提携）について論じる．第4章「サイバースペースの経営組織」では，インターネットなどIT革命に伴い，多様化した電子商取引やバーチャル・コーポレーションなどの経営組織について検討する．第5章「非営利組織」では，近年，ますます期待が高まりつつあるボランタリー組織について触れる．NPO（民間非営利組織）の定義とタイプおよび存在意義について触れながら，実際の組織マネジメントやその課題について詳しく説明している．

第Ⅱ部の「組織構造のデザイン」では，それぞれ3つの章を設け，シンプルな組織から複雑な組織までを含む企業の組織設計について考察する．第6章「組織デザイン」では，組織の構成要素である分業関係，権限関係，部門化，コミュニケーションの協議の関係，ルール化について議論を深める．第7章「単純系の経営組織」では，機能別組織，事業部制組織，地域別組織を取り上げ，それぞれの組織設計が有する長所・短所について比較し検証する．第8章「複雑系の経営組織」では，単純系組織が進化したマトリクス組織の組織的特長に加え，多国籍企業のグローバル・マトリクス組織とフロントエンド・バックエンド組織に関する検討を行う．

第Ⅲ部の「組織ハブとしてのコーポレート本社」では，組織を統合し調整するコーポレート本社の役割と課題および多国籍企業における地域本社について考察する．第9章「コーポレート・センター」では，コーポレート・センターの基本構成，現状，取り巻く環境を踏まえつつ，その役割進化を検討する．第10章「地域本社」では，世界で進展する地域統合化の動きから，多地域戦略とその組織的コアとなる地域本社の役割と類型化について考察する．

第Ⅳ部の「組織変革と学習組織」では，組織の生理的な側面に注目し，優れた組織とは何かについて触れる．第11章「組織文化」では，組織構成員に共有された価値観ないし特徴的な行動パターンや慣行の実態について，これを明

らかにする．第12章「学習する組織の開発」では，欧米に比べ，我が国でその導入と焦点化が遅れている学習組織の基本的な考え方を学習しない組織と比較し検討する．第13章「近未来型組織のゆくえ」では，分権化が進む組織のヒントとして，オーケストラのオルフェウスモデルやバックマン・ラボラトリーズの知識主導型組織を取り上げ，未来型組織のあり方を考察する．

　本書は，組織研究におけるハードとソフトの両面を着実にトレースしつつ，その統合化を目指した数人の研究者たちによる共同成果である．本書が，学習者たちのささやかな知的羅針盤となれば非常に幸いである．

2006年1月

編著者　松崎　和久

目　次

第Ⅰ部　経営組織

第1章　組織とは何か … 3
1. 組織の形成と構成要素　3
2. 職務体系としての組織　6
3. 組織慣性と組織伝統　10
4. 創造的組織へ　12

第2章　組織目的と組織成果 … 17
1. 組織の目的　17
2. 組織の成果　21
3. 組織目的と経営階層　24

第3章　組織間関係 … 30
1. 日本の企業間関係　30
2. 中間組織の原理　34
3. アライアンス　38

第4章　サイバースペースの経営組織 … 43
1. 情報社会の到来　43
2. サイバースペースの中の企業　46
3. サイバースペースにおける企業課題　52

第5章　非営利組織 … 56
1. NPOとは何か　56
2. NPOの役割　59
3. NPOの組織とマネジメント　62

第Ⅱ部　組織構造のデザイン

第6章　組織デザイン　71
1. 組織デザインの基本要素　71
2. 組織デザインに影響を与える要因　75
3. 組織デザインの実践　79

第7章　単純系（一次元）の経営組織　85
1. 機能別組織　85
2. 事業部制組織　88
3. 地域別組織　91
4. 機械的組織と有機的組織　93

第8章　複雑系の経営組織　98
1. マトリクス組織とは何か　98
2. マトリクス組織の構造　100
3. グローバル・マトリクス組織　103
4. フロントエンド／バックエンド組織　106

第Ⅲ部　組織ハブとしてのコーポレート本社

第9章　コーポレート・センター　113
1. コーポレート・センターの基本構成　113
2. コーポレート・センターの現状　113
3. コーポレート・センターを取り巻く環境変化　115
4. コーポレート・センターの役割と進化　117

第10章　地域本社　127
1. 地域ベースの動き　127
2. マルチリージョナル戦略　130
3. 地域本社とは何か　134

4. 地域本社の類型化　　136

第Ⅳ部　組織変革と学習組織

第11章　組織文化 ………………………………………… 143
　　1. 組織文化の基礎概念　　143
　　2. 組織文化の機能と逆機能　　147
　　3. 組織文化と組織効率　　150
　　4. 組織文化の変革とマネジメントの課題　　155

第12章　学習する組織の開発 …………………………… 162
　　1. 日本企業は学習組織か　　162
　　2. 学習しない組織　　164
　　3. 学習する組織の条件　　168
　　4. グローバル学習組織づくりへ　　176

第13章　近未来型組織のゆくえ ………………………… 180
　　1. 分散化が進む企業組織　　180
　　2. 個を活かす組織　　181
　　3. 未来型組織のヒント　　182
　　4. 知識主導型組織　　187

索引 ………………………………………………………… 193

第 I 部

経営組織

第 I 部

経営組織

第1章　組織とは何か
第2章　組織目的と組織成果
第3章　組織間関係
第4章　サイバースペースの経営組織
第5章　非営利組織

経営組織
オーガニゼーション

第Ⅳ部
組織変革と学習組織

第Ⅲ部
組織ハブとしてのコーポレート本社

第Ⅱ部
組織構造のデザイン

第1章の要約

　組織はなぜ形成されるのか，そしてどのように形成すればよいのか．これらは組織をどのような視点から観るかによって異なってくる．一方では，組織は分業と協業の仕組みであり，いわば職務体系としてとらえられる．そこでは目的を達成するための合理的な機構としての組織である．人間はそれに付随するものと見なされ，没個性的で非人格的な存在として取り扱われる．他方では，組織において目的を達成するのは，その組織に参加している人間の活動である．しかもその個々人は個性と自由意思を有する人間である．そこでは目的に向かって調整されたそれら人びとの活動であると組織は観ることができる．

　本章では，組織は人間の活動から構成されるが，効率的に組織目的を達成するために，組織内の個々の活動を規定し，活動間の相互関係を調整するために職務体系，その管理機構である経営組織を必要とする，という観点から組織を検討する．なぜ組織が形成されるのか，そしてその組織が目的達成を通じて存続するためにはどのような課題を解決しなければならないのか．これらの検討を通じて，組織についての理解を深め，次章からの現代組織のあり方を問う問題を検討するための基本的部分としたい．現代社会が複雑化するにつれ，組織は多様な課題にチャレンジしなければならない．どのように組織を変革するのか，それは常に古くて新しい問題であるが，その問いに答えるためには，組織とは何かをもう一度本質的に考える必要がある．

第1章 組織とは何か

1. 組織の形成と構成要素

(1) 組織の形成

　組織とは，個人ではなし得ない，あるいは効率的に遂行できない目的を達成するために形成される，複数の人間による活動のシステムである．人間は，物理的・空間的にも限界があり，また情報収集とその処理にも限界がある．人間が個人として達成できない目的を他の人びととの協働によって達成しようとしたときに組織が生まれる（Barnard, C. I., 1968）．人間個人として何らかの限界を有する限り，組織を形成し，その目的の有効な達成を図ろうとする．人間は古代から何らかの組織を形成し，社会を構成してきたといえる．さらに現代社会では，多くの複雑な問題に対応する形で，多様な組織を形成することによってその問題を有効に，そして効率的に処理しようとしている．企業のみならず，行政，学校，病院，労働組合など，多くの人間がある組織に参加したり，あるいはそれらの組織を利用して生活を営んでいる．組織の時代といわれるのはそのためである．企業は，組織の中でも利益を目的とした組織，すなわち営利組織である．ボランティア活動など非営利的な目的を有する組織はNPO（Non-Profit Organization）とよばれる．なお，このNPOについては，本巻第5章で検討する．

　さて，ここでこのような組織をなぜつくるのか，という問題を考えてみよう．たとえば，A氏が個人でIT関連ソフトの事業を起こしたとしよう．個人でのベンチャービジネスである．最初は，自分ひとりでソフトの企画からプログラミング，営業，そして経理を行っていた．そのソフトが好評で，より営業を広げれば売上が伸びそうである．しかし，ひとりで営業をしていては，肉体的にも空間的（同時に複数の場所には行けない）にも限界がある．そこで新たに営業担当の社員として数名ほどを雇い入れることにした．しかしまたここで問題が発生した．社員を雇うことによって社員の給与も計算しなくてはならない．

しかもこの業界は，技術革新が早く，つぎつぎと新しいソフトを開発しなければならない．そこで自分はソフトの開発に専念し，経理担当の人間をまた雇うことにした．さらにこのソフトがヒットし，より多くの社員を雇用することにした．ソフトの営業，優秀なソフトの開発者も雇用し，自分は社長として経営に専念することにした．このように，目的（ソフトを開発・販売し利益をあげること）を達成するために，個人ではなしえない場合に組織を形成する．ここでは，経理の人間を雇用したときから個人から組織へと移行したことになる．

もちろん，個人の限界によって組織は生まれるが，他の方法がないわけではない．他の個人（個人業主）や組織（企業）と取引関係をもつことによって個人の限界を打ち破ることも可能である．先の例でいえば，自分はソフトの開発に専念し，製作や営業は他の企業に委託するという方法である（しかし，自分ひとりでできる仕事の質量は限られており，よりビジネスを拡大しようとすると，組織を形成することになる）．同様のことは，組織を形成した場合も当てはまる．たとえば，現代の代表的組織である企業をみても，原材料採掘から，すべての部品加工・製造，組み立て，最終販売まで行っている企業はほとんどないだろう．企業は，他社や機関（たとえば研究所など）とのかかわりをもってその活動を展開している．このような他組織との関係において組織は存在する．これは組織間関係とよばれる領域で理論が展開されている（本巻第3章を参照のこと）．どのような活動をどの範囲まで行うか，それが組織の境界を設定する．

(2) 組織の構成要素

組織は，複数のメンバーから構成される．そこから組織は，人の集まりを意味する「集団」のひとつの形態であるといえる．その中でも組織は，目的達成のために意図的につくり出された集団である．それに対し，目的が設定されているわけではなく，自然発生的な集団がある．仲良しグループ，遊び仲間などはそれである．気が合うから，あるいは一緒にいると楽しいから，という理由

でとくに明確な目的があるわけではないのに集団を形成する．このような集団をとくに非公式集団といい，組織は明確な目的の基に形成された公式集団と位置づけられる．このように，組織と他の集団を区別する大きな要素は，この組織の目的の有無である．逆にいえば，組織が成り立つには，追求すべき目的が必要ということになる．組織の構成要素としては，その目的の存在がまずあげられる．この組織目的および目標については，本巻第2章で考察する．

　つぎに，目的達成のためには，それに向けてメンバーの貢献意欲，他のメンバーと協力していこうとする協働意欲が必要となる．組織とは，個々の人間の活動から成り立っている．その活動を引き出すことが組織目的を達成するためには必要である．換言すれば，目的達成のために，組織メンバーの貢献が必要なのである．そのため，組織は，個々人の貢献意欲を引き出すことが必要となる．ここで考える必要があるのは，組織の目的と組織メンバーの目的が必ずしも一致しないということである．ボランティア組織においては，たとえば社会への奉仕という点で組織の目的も組織メンバーの目的も一致しやすい．しかし，たとえば，企業を考えてみると，必ずしもそれらは一致しない．企業の目的が利益をあげることであるとしても，組織メンバー（従業員）が参加し，活動を提供し，その目的達成に貢献するというのは，別の目的が個人的にあるからである場合が多い．「生活をするために必要な報酬を得る」「趣味に必要な報酬を得る」「将来起業したいので必要な資金を稼いだり，必要なビジネス知識やノウハウを得る」「自分の能力を伸ばしてくれる，あるいは能力を発揮できる仕事ができる」というさまざまな個人的目的が存在する．それら個人的目的と組織目的が一致しない場合，貢献を引き出すための誘引が必要となる．逆にいえば，各メンバーの貢献意欲，協働意欲がなければ組織目的の達成は困難になる．そのために，組織は，個人目的の多様化に合わせて金銭的，非金銭的な報酬を用意し，メンバーの貢献を引き出さねばならない．

　第3に，各メンバーの活動を目的に向かって調整することが必要となる．目的を達成するには，各メンバーの活動や行動がバラバラに展開されるのではな

く，統一化された意思の下に展開される．したがって，組織とは，「意識的に調整された活動のシステム」(Barnard, 1968) と定義される．その調整の基本となるのがコミュニケーションである．各メンバーの活動を相互に調整するための情報伝達が必要である．組織の目的を達成するには，その目的そのものの情報はもちろんのこと，組織内外のさまざまな情報を必要とする．目的の達成に向けて内外の状況を把握し，活動の方向づけ，ベクトル合わせをする．それによって各活動がバラバラになったり，無駄な活動や活動の重複を避けることが可能になる．この情報には，指令や指示，あるいは手続きやルールといった内容のものも含まれる．

組織は，内外の情報を収集し，それを加工したり結合したりして，それを必要な部署に必要な情報を流すことが不可欠となる．小規模組織の場合には，トップが情報を基に決定を下し，個別的に指示を与えることは可能であるが，大規模組織になると問題が多様化・複雑化し，それは不可能となる．まず，トップ個人があらゆる情報を集め，意思決定を下すことは困難となる（個人の情報処理能力の限界）．また，多くの個々人に個別的に指示を与えることは組織メンバーが増えるにしたがって困難になる．どこでどのような決定を行うのか，情報ルートをどのように確立するか，それは組織をどのように設計するかという組織デザインの問題となる（本巻第Ⅱ部を参照）．

2. 職務体系としての組織

(1) 組織の分化と統合

「組織は意識的に調整された活動のシステムである」と定義したが，そのような活動のシステムをどのように構築するか，という問題をつぎに考えてみよう．その際のキーワードとなるのが「分化」という概念である．先の例えでは，今まで開発から営業，経理をすべて自分が行っていた仕事を分けて，他の人間が分担して行うようにした．つまり分業（division of labor）である．これは個々の仕事を専門化する，すなわち，組織において役割を専門化することに

よって仕事の効率をあげることを企図している．この分業において，それぞれ内容の異なった仕事（機能や役割）に分けることを組織論では「分化」(differentiation) という．たとえば，大企業では技術開発部門，製品開発部門，調達部門，製造部門，販売部門という形に組織が分化されている．

　しかし，その組織の目的を達成するために，それら分化した組織単位（たとえば，部門や課）の活動をうまく結びつけることが必要である．たとえば，セット・メーカーにおいては，技術や製品を開発し，それに必要な部品を調達あるいは生産し，それらを組み立て，販売活動を通じて売上を伸ばし，利益をあげるという組織目的を達成しようとする．それは，役割を専門化した個々の活動が効率よくなされるだけではなく，それらの活動がうまくつながることによって達成される．また，良い製品（つまり，われわれが購入したいと思う製品）を開発するには，市場関連情報（ニーズやウォンツ，購買行動など）は重要であり，製品開発部門と市場関連情報を多く有している販売部門との連携は不可欠である．このように，組織において目的を達成するためには，各メンバーの活動を専門化するという分化とそれらの活動をうまくつなげるという「統合」(integration) が必要となる．このように分化した活動をうまくまとめ上げて組織目的を達成していく．この組織の分化と統合の基本的な構造を示しているのが経営組織である．われわれが企業や政府機関のホームページで目にすることができる組織図とはそれを図式化したものである．

(3) 組織の水平的分化・拡大と管理階層の形成

　組織の成長・拡大は，先にみたように，役割や機能にそって仕事を分割することを伴う．これは組織の水平的分化である．また，従来その組織では行っていなかった業務を取り入れて組織を拡大する場合もある．たとえば，従来，取引先からの設計に基づいた部品や製品を製造していた企業が，自社の製品の付加価値を高めるために，技術や製品の開発に着手するというような場合，あるいは新しい事業に進出するという経営の多角化を図ったような場合である．こ

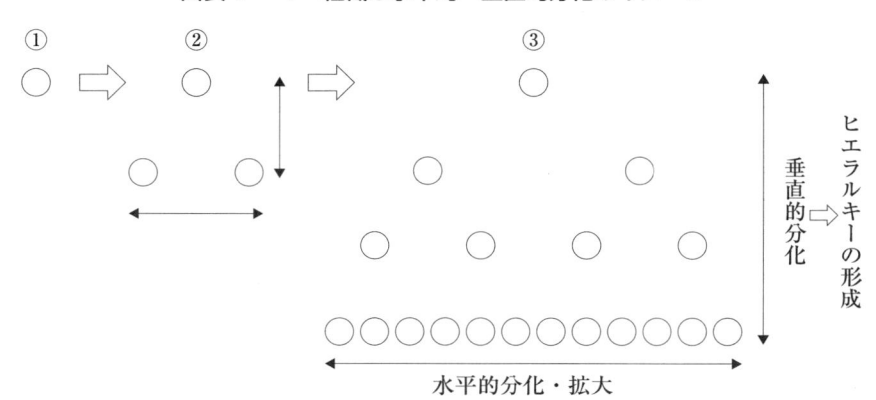

図表 1 − 1　組織の水平的・垂直的分化のイメージ

れは，業務の水平的拡大に伴う組織の水平的拡大である．

　組織には，分化した人びとの活動を引き出し，それを目的に向かって調整し，統合する業務が必要である．それが管理（マネジメント）である．マネジメント・プロセスが Plan−Do−See といわれるように，管理業務では，目的達成のために計画し，実行し，評価するという組織メンバーの活動を目的に向けて調整・統合することが，その主たる機能となる．しかしまた，組織の水平的な分化や拡大の結果，この管理業務もまた水平的および垂直的にも分化される．これが管理階層を形成する．まず，管理業務は，ひとりが管理可能な範囲の限界により水平的に分化される．人間が直接部下を管理できる人数は，単純な業務でも 20 名，複雑な業務の場合は 6 〜 7 名が限界であるといわれている．これを統制の限界という．そのため，組織メンバーが多くなるにしたがって，管理業務も水平的に分化される．この管理業務の水平的分化によって，これらの管理業務を調整するための管理業務が必要になる．このように，組織が水平的に分化あるいは拡大すると，それを調整するための管理業務もまた水平的および垂直的に分化され，それが管理階層を形成することになる（図表 1 − 1）．

　このような階層による調整を目指した組織が，ヒエラルキー組織である（第

6章参照).

(2) 職務体系

　組織の水平的分化および垂直的分化，それら分化した活動をどのように結びつけるかという統合をデザインする，それが組織化（organizing）である．この組織化における中心的な考え方は，組織メンバーの活動を組織目的に向かって有効なものとするために，その機能や役割を分割し，重複的な活動をなくし，効率的に組織目的を達成するというものである．これを専門化の原則という．そのため，各メンバーの活動をある範囲に限定し，その内容を定めることが必要となる．それが職務（なすべき仕事の範囲と量）である．この職務についたメンバーには，その職務を遂行するという責任が付与される．その責任を果たすためには，原材料や情報あるいは他の人材（ヒト，モノ，カネ，情報という経営資源）を使用し，定められた範囲内で決定をし，活動する権限が必要となる．さらに，その職務遂行の結果を報告するという報告義務・説明責任（accountability）が付与される．このように組織の分化によって，個々の職務—責任—権限—説明責任を明確にすることが求められ，職務における責任と権限が相応するように定められる（これを「責任と権限の一致」という）．これら職務の範囲と量，権限と責任が明記されているのが職務分掌規定や職務記述書である．これら個々の職務内容を明確化し，それら職務内容を専門化し，他の職務との重複をなくすことによって効率的に組織目的を達成する．

　このように，組織に分化の基本的単位となるのが職務であり，水平的分化によってその職務の内容が定義されるが，この職務の垂直的分化に伴う関係もまた明示されねばならない．組織上での垂直的なポジションを示しているのが職位である．その職位の上位者（上司）は，下位の者（部下）に当該職務を遂行するために必要な指示を与えるとともに，その遂行に必要な権限を委譲する．そしてその結果についての報告を受ける．このような指揮—報告関係が垂直的分化から形成される．誰から指令・指揮を受けるのか，誰に結果を報告するの

か，という職務間の指揮—報告関係である．この指揮—報告関係をデザインする際の原則としていわれているのが「命令一元化の原則」である．それは，ひとりの上司から指令を受け，結果を報告するという関係を意味している．上司が複数存在し，複数の指令が出されると部下はどちらの指令に基づけば良いのか，という問題が発生し，混乱してしまう．あるいは上位の者同士が指揮権限を争いあうという問題が生じる可能性が高いからである．

このように職務と職位を一元的に対応させ，分化した組織を目的の達成に向けて活動を収斂化していく．これがヒエラルキーを用いた統合である．組織化とは，組織の水平的分化と垂直的分化，そして分化した職務の関係を明らかにし，統合するという組織のデザインである．これが経営組織，組織構造を作り出す（本巻第Ⅱ部参照）．

この分化—統合としての組織デザインにおいては，目的を達成するために必要な職務の構成について理解していることが前提となる．もちろん，職務遂行において，例外案件は常に存在する．その例外処理を行うのは，その問題の大きさ（部門内で処理できるのか，企業全体で処理する必要があるのか）によるが，上位の管理者や経営者ということになる．しかし，そこでも処理できないとなるとその組織の有効性（目的の達成度）は低下するため，組織デザイン（組織の設計）を見直すことになる．

3. 組織慣性と組織伝統

(1) 官僚制と逆機能

職務への組織の分化に伴う職務規定とそこでの権限—責任—報告関係を一元的に明確化することによって組織の体系（システム）が秩序だって形成される．この考え方を純粋に追求していった組織が官僚制（bureaucracy）である．近代官僚制についての代表的研究者であるウェーバー（Weber, M., 1922）は，次のような特徴を指摘している．

① 職務担当者の役割が，規則によって規定されている．

② 職務は規定された権限の範囲内で行われ，その内容と行使は明確に規定されている．
③ 階層的権限関係が形成されている．
④ 文書によって職務執行がなされ，文書に記録される．

　程度の差はあれ，組織は官僚制的な要素をもっている．官僚制組織は，目的を達成するための合目的的な組織で，合理的に設計される．現代企業においても組織デザインのベースとなっているのは，この官僚制である．組織目的を効率的に達成するために必要とされる「分化と統合」の合理的な設計図となるからである．各職務は，専門化され，職務内容，権限と責任が明確化され，ルールや手続きに基づき遂行される．

　このような官僚制が組織の基本となるが，これにより目的が効率的に達成されれば問題はない（これを順機能という）．各人の組織における活動は，職務によって規定され，日常的にそれが繰り返されることになる．この職務の専門化とそこでのルールや手続きにそった業務の繰り返しは，各人がその職務を遂行上の規則や手続きに慣れ，ルーチンにその業務をこなすことを可能にする．これが仕事を効率的にこなすという専門化の大きなメリットである．しかしながら，この効率的に職務を遂行するための規則や手続きが重視されることによって，その規則や手続きを守ることが自己目的になってしまうことが多々ある．規則やルールは，組織目的を効率的に達成するための手段であるが，それが自己目的化してしまい，逆にそのことが組織目的の達成には障害となる．このように，組織目的を効率的に達成するために設計された官僚制ではあるが，逆にその官僚制が目的の達成を阻害する，あるいは有効に機能しないという現象を官僚制の逆機能（dysfunction）という．

(2) 組織慣性と組織伝統

　組織には組織慣性というものが発生する．組織にかかわる環境に大きな変化がない限り，この組織慣性は，組織目的を達成するための大きな推進力となる．

従来から慣れ親しんだやり方，思考方法で業務を遂行するということは職務遂行を安定させ，効率的な処理を可能とするからである．しかしながら，この一度身についた方法や考え方から抜け出すのは困難となる．新しい方法の結果がどうなるかという不確実性が生じるからである．大きな変革が求められる場合に，組織慣性はそれに対する抵抗力となってしまうのである．このように組織慣性にはプラスの側面とマイナスの側面がある．組織を取り巻く環境は不変ではなく変化する．環境からさまざまな要求が投げかけられる．自己の存在のみで存続できるものではなく，社会の要求に応えてはじめて存続することができる．環境変化に対応して組織の見直しが必要となるが，その際に組織慣性は変化への抵抗力としてマイナスに作用する．組織が変化に対応できず，組織が「澱む」大きな理由は，この組織慣性にある．

また，組織は，過去の経緯からも影響を受ける．創業者の理念や哲学は，その会社の指導原理として機能する．また，過去にどのような決定をしたのか（どのような要因を重視し，どのような選択基準で決定したのか），それがどのような結果となったのか．過去の成功体験や失敗体験が組織には蓄積され，それがさまざまな形で伝承されている．それがその組織の伝統となる．「過去のある時点でのある決定が企業を成長に導いた」という成功体験が，「こうすべきである」という価値を形成し，その後の意思決定に大きく影響を与える．同じような環境変化に直面している企業が異なる対応をするひとつの理由は，この組織伝統に起因する．

4. 創造的組織へ

(1) オープン・システムとしての組織

うえでみたように，組織はその組織を取り巻く環境において存続する．その環境のアクター（行為者：たとえば，部品サプライヤーや顧客，政府機関など）との製品／サービスや情報などの交換関係を通じて存続する．組織は内部充足によって自己完結するものではない．組織を取り巻く環境との関係をうま

く構築しながら組織目的を達成する．組織内部の効率性が高くても，その組織目的が達成されるとは限らない．たとえば，効率のよい製品開発，組み立て生産，流通システムを構築したとしても，企業組織のアウトプットである製品／サービスが，顧客や消費者によってその価値が認識され，購入されない限り，その組織（企業）は目的（利益）を達成できない．内部効率性はもちろん組織目的を達成するためには必要であるが，環境との関係を無視しては組織は存続できない．このように，組織は閉鎖的なシステム（クローズド・システム）ではなく，環境との相互作用を必要とする開放的システム（オープン・システム）としてとらえられる必要がある．この組織と環境との間の適合関係，望ましい関係の構築を図るのが経営戦略である．

（2）情報処理と組織の分化

オープン・システムとして組織をとらえた場合，組織目的を達成するために，組織は組織内部情報のみならず，環境からの多様な情報が必要となる．それら情報を処理し，意思決定を行い，組織は行動する．しかし，組織目的を達成するために必要な情報に対し，組織の情報処理能力が低いと，そこに不確実性（よくわからない状況）が発生する．逆にいえば，組織は，情報を収集し，それを処理するという組織の情報処理能力を高めることによって不確実性を低下させることが可能となる．このような観点からみると，組織は必要な情報を収集し，それを処理できる組織を編成する（組織を分化し統合する）ことが必要となる．たとえば，多角化企業の場合，A事業，B事業，C事業とそれぞれ異なる技術を用い，異なる製品―市場分野で，異なるライバル会社を相手に競争を展開する．そこでは，それぞれ動きを異にする情報を収集し，それを処理して決定を下さなければならない．それをひとりの管理者が行うことには無理がある．彼個人が情報を処理し，すべてのことに判断を下すことには無理が出てくる．そのために，必要な部門を設置し（たとえば，組織を複数の事業部に分化させる），そこに（各事業部長に）決定権限を委譲し，個々の事業における環

境変化に素早く対応できるようにする（それぞれ関連する情報を処理し，判断を下す）．このように，不確実性に対処するために，組織は分化される．そして分化された組織単位間の相互依存関係（必要な相互作用の程度）に基づいてそれらを統合化する．このような考え方を組織への情報処理アプローチという．

(3) 組織の効率性と創造性

　以上，みてきたような組織は，組織目的を達成するために，内部効率性をいかに高めるか，そして，変化する環境に対しどのように情報を処理し，環境に適応する組織を構築するか，という問題にアプローチしたものである．しかし，組織は，環境に対して受身的に対応する機構としての存在ではない．新製品や新技術の開発，新しいビジネスモデルの導入を通じて，企業を取り巻く環境に対して主体的，能動的に働きかける存在でもある．たとえば，成功する企業は，新しいアイデアや知識を生み出す組織である．情報処理だけではなく情報創造（とりわけ知識の創造）が必要とされる．その意味で，組織が存続，成長するには，効率性のみならず創造性が必要とされる．組織にはこれまでの活動を通じて，組織内外からもたらされた，さまざまな知識やノウハウ（技術も含めて）が蓄積されている．それらを組織内で結びつけたり，再解釈を行うことによって新たな知識を創出することができる．組織は学習し（本巻第14章参照），新たな知識を生み出し，それを製品やサービスとして具体化し，効率的に供給していく．効率性と創造性，これらのともすれば相反するような要求に組織は応えていかなければならない．そこで次章から，これらの課題にどのように応えていけばよいのか，それを検討することにしよう．

演・習・問・題

問1 企業のホームページを閲覧し、組織はどのような機能や役割から分化されているのかを調べてみよう．

問2 作業を細分化する分業がなぜ仕事を効率化できるのか、その理由を考えてみよう．逆にそのような分業が効率性を低下させるのは、どのような場合かを考えてみよう．

問3 官僚制的な組織の場合、どのような逆機能が生じるのか、具体的な例をあげてみよう．

参考文献

Barnard, C. I.（1938）*The Function of the Executive*, Harvard University Press.（山本安次郎ほか訳『新訳経営者の役割』ダイヤモンド社, 1968 年）

Weber, M.（1922）*Wirtshaft und Gesellshaft*, Mehn.（阿閉吉男・脇圭平訳『官僚制』角川書店, 1958 年）

野中郁次郎（1980）『経営管理』日本経済新聞社

《推薦図書》

1. 沼上幹（2003）『組織戦略の考え方』（ちくま新書）筑摩書房
   組織に内在する問題, 組織設計について, わかりやすく解説．

2. 岡本康雄（1976）『現代の経営組織』（日経新書）日本経済新聞社
   組織の考え方, 組織論についての基本理論をわかりやすく紹介．

3. Galbraith, J. R. and D. A. Nathanson（1978）*Strategy Implementation: The Role of Structure and Process*, West Publishing.（岸田民樹訳『経営戦略と組織デザイン』白桃書房, 1989 年）
   組織デザインを理解するための情報処理アプローチを解説．

第2章の要約

　現代の企業組織は，その存在意義や永続的な価値観としての「理念」や「ビジョン」といった上位の目的から，より具体的で可変的な「数値目標」としての下位目的にいたる目的―手段関係の連鎖としての組織目的の階層構造を形成している．それはまさに，組織内部の垂直的・水平的な分業関係を反映するものであり，企業組織が本来的に「多目標指向型のシステム」であることを示している．しかし，さらに現代企業をとりまく経営環境は，単純な利益追求といった目的設定の次元を越えて，追求すべき価値や目標をますます多元的なものとする傾向にある．とくに，現代企業は多くの性格の異なる利害関係者と複雑な関係を築くようになっており，彼らはときに相反する要請に優先順位をつけ，巧みにバランスをとりながら，自らの追求すべき目標体系を設定するという難しい課題に対応しなければならない．また，そうした目標追求の結果としての組織成果の測定・評価の方法についても，やはり組織目的の多元化を反映して，多様な視角によって複眼的に行われる必要が出てきている．また，トップやミドルといった各経営階層は，それぞれの職位に応じた目的・目標の設定に関する権限をもち，またその成果に対して責任を負う立場にあるが，複雑性および不確実性の度合いを強める経営環境やますます進展する組織情報化の流れは，彼らに従来とは異なる'新たな役割'を要請するようになってきている．

第2章 組織目的と組織成果

1. 組織の目的

(1) 組織目的の体系

'組織'は一人ひとりの個人の力のみによっては達成できない，何らかの目的，あるいは理想や使命（ミッション）を実現するために存在する．現代社会には，企業や政府，学校，病院，NPOに至るまでさまざまな組織体が存在するが，あらゆる組織は通常，こうした目指すべき全体目的のもとに形成されると考えることができる．また，組織は人びとがそれぞれの役割を担いながら（分業），また同時に協力し合うこと（協働）によって，単純な個人の総和以上の力を発揮しながら，有効的かつ効率的な目的ないし理想の達成を目指すものである．そこでは，組織の異なる部分がそれぞれに独自の役割において定められた目標の達成を通じて組織全体の目的や理想の実現に貢献することが期待される．

そして，以上のことから一般に，組織はその存在意義そのものを示す全体目的ないしミッションを頂点として，その実現のために達成すべき数多くの異なる目的・目標群が「目的―手段関係」の連鎖を築きながら存在していると考えられる．企業組織の場合を考えると，こうした目的の連鎖は，全体目的ないしミッションをあらわす「経営理念・哲学（management philosophy）」や経営ビジョンなどの上位目的が，各事業・部門単位での経営目標（management goal）という下位目的へと分解されてゆく組織目的の階層（ヒエラルキー）によって表現される．一般に，その階層においては，より上位に位置するものほど，組織の抽象的・永続的な側面に関わり，また下位レベルのものほど，具体的・可変的（短期的）な側面に関わっていると考えることができる（図表2−1参照）．

(2) 経営理念の重要性

組織の目的階層の頂点に位置する「経営理念」は，当該企業の存在意義その

図表2−1 組織目的のヒエラルキー

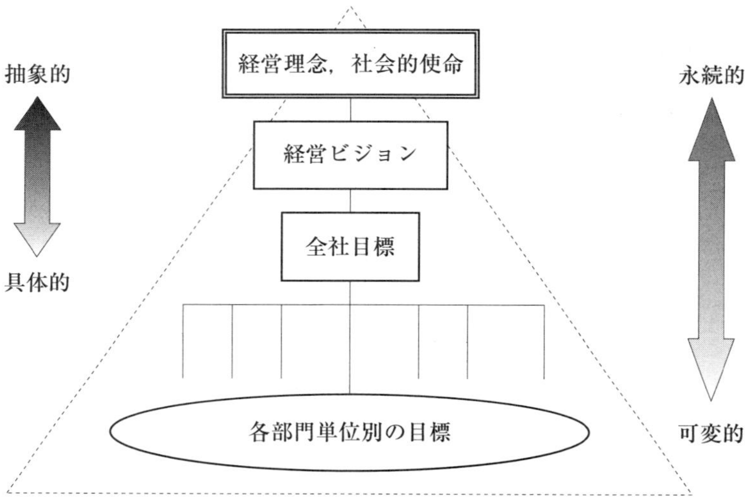

抽象的 ↕ 具体的

- 経営理念，社会的使命
- 経営ビジョン
- 全社目標
- 各部門単位別の目標

永続的 ↕ 可変的

ものを示す最終的な拠りどころであり，組織にとっての最上位の目的概念として位置づけられるものである．一般的には，経営者の抱く理想や信念，信条，価値基準などを示したものであり，多くの場合，きわめて抽象度の高い，一般的でシンプルな言明によって表現される．こうした経営理念は，一度定められると長期にわたって持続的に保持されることが一般的であり，その「永続性」そのものに最大の特徴が見出されるものである．なかには，創業者や中興の祖といった人びとによって表明された考えや理想がきわめて長期にわたり受け継がれていくケースも多い．たしかに企業経営，とくに現代のそれは，つぎからつぎへと訪れる企業環境あるいは時代の変化に対応して，自らも俊敏に絶えず変化し続けることが求められている．しかし，そうしためまぐるしい変化への対応は，ときに一貫性のない場当たり的な行動を生み出し，結果として経営活動の根本的な意味や長期的な方向性，また組織としての求心力を見失ってしまうことがある．そして，ともすれば抽象的で簡素な表現でしかない経営理念の存在意義は，そうした局面においてこそ最大限の効果を発揮することが求めら

図表2-2　経営理念の事例

① 東芝グループの経営理念

東芝グループスローガン：人と，地球の，明日のために．
◇東芝グループは，人間尊重を基本として，豊かな価値を創造し，世界の人々の生活・文化に貢献する企業集団をめざします．

② 味の素グループの経営理念と事業目標

グループ理念
◇私たちは，地球的な視野に立ち，"食"と"健康"，そして明日のよりよい生活に貢献します．

事業目標
▽食関連事業，アミノ酸を中心としたファインケミカル事業・医薬品事業を経営の柱として，地球上の人々に貢献する世界企業をめざします．

出所）「株式会社東芝」および「味の素株式会社」の各社ホームページより抜粋

れている．すなわち，永続的な信念や信条，価値の込められた「経営理念」は，組織の中の「変わらざるもの」として，どのような環境条件下においても揺るがぬ'精神的支柱'となり，またそれが組織共通の価値観，あるいは文化として共有されることによって，組織の一体感を高め，また組織に特有の行動様式を生み出すといった効果が期待されるのである．

（3）経営目標の多元性

　経営理念は，組織の存在意義ないし最上位の行動原理を示す重要なものであるが，一般に抽象的な表現にとどまるものであり，また長期にわたって変更されないものであるため，常に具体的な行動へと結びつくわけではない．ゆえに，企業組織はそうした信念や価値を現実のものとするために，より具体的な下位レベルの行動基準ないし目標を設定する必要がある．近年では，抽象的な経営理念をより具現化する形で，中期的な企業の将来像ないし目的を示した「ビジョン」を設ける企業も増えている．

　しかし，さらに日常的な経営（事業部門）活動の行動基準においては，より

具体的で，さらに環境条件の変化に応じて可変的（変更可能）な質的・量的規準を示す目標を設定することが必要となる．多くの場合，こうした経営目標は，売上高，利益額，利益率，成長率，コスト削減額などの具体的な期間や数量の到達水準を明示した数値目標によって示される．さらに近年では，現代の企業状況や環境条件・時代の趨勢を反映して，新製品開発比率や特許出願数などの，いわゆるイノベーション（革新）関連の項目や品質・サービスの向上，顧客満足度（CS）などの顧客関連の項目，さらにいわゆる社会的責任や貢献，コンプライアンス（法令順守），そして（自然）環境への配慮などの社会性を示す次元も重要な目標となりつつある．ゆえに，企業組織は本来的に「多目標指向型のシステム」であり，また企業にとって追求すべき目標の範囲はますます広範囲に多元化する傾向にあると考えられる．

そして，こうした経営目標の多元化が進む背景には，企業組織が抱える多くの利害関係者（ステークホルダー），すなわち株主，従業員，顧客，金融機関，政府，地域社会などの存在がある．企業組織がその存続と成長のためにさまざまな経営資源を必要とし，また社会システムに組み込まれた存在であるがゆえに，こうした利害関係者と有効な関係を築いていくことはきわめて重要な責務

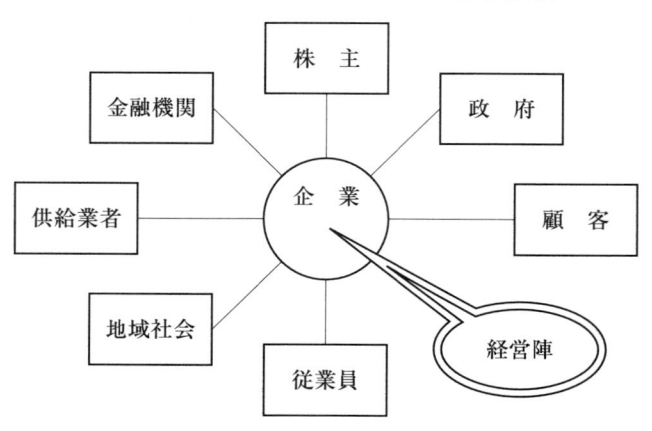

図表2－3　企業組織を取り巻く利害関係者

となっている．しかし，こうした利害関係者からの企業に対する要請は，それぞれの立場を反映した多様なものであり，またときに対立する目標の追求を企業に迫ることがある．たとえば，株主の典型的なメリットは「株価の上昇」であるが，そうした株主の要求を実現するために経営者は，一般に安定した雇用を望む従業員にとって不利益となる「人員削減」を強化するかもしれない．

　一般に，企業成長による組織の規模，また活動領域の拡大は，こうした利害関係者の数，多様性を拡大し，その関係も一層複雑なものとなっていく傾向がある．とくに，昨今の企業あるいは経済のグローバル化は，それぞれの国や地域における異なる歴史・文化的背景をもった人や組織がこうした関係の網の中に組み込まれることを意味する．ゆえに，現代の企業組織，とくにその経営者は，ときにトレードオフ（二律背反）を導く多様な要請に優先順位をつけ，また巧みにそのバランスをはかりながら目標を設定し，しかし首尾一貫した企業経営を推進するという難しい課題の実行を迫られているといえよう．

2. 組織の成果

(1) 効率性と有効性

　一般に，企業組織については，それが「営利」を目的とする存在である以上，その経営活動における成果が売上高，利益額，利益率，成長率，コスト削減額といった企業損益に関わる指標によって第一義的に評価されるのは当然であろう．しかし，前章に示すように，企業組織は本来的に「多目標指向型のシステム」であり，また現代企業は多くの性格の異なる利害関係者と複雑な関係を築いており，「社会性次元」の目標によって象徴的に表現されるように，多額の利益を計上することのみによっては必ずしも社会的な評価を得られる時代ではなくなっている．

　そして，こうした組織成果をバランスよく評価するための枠組みとして，経営学では，以下の「有効性（effectiveness）」と「効率性（efficiency）」という2つの概念とその組み合わせによる分析が一般に用いられる（榊原，2002：29-

32).まず,「有効性」の概念は,「組織のアウトプットが社会的に望まれたアウトプットに合致している程度」を示すものであり,たとえば,社会的なニーズに適合する製品ないしサービスを提供しえているか否かに関わっている.ゆえに,こうした「有効性」の問題は主に企業の対外的な関係や努力に関わっているといえる.また一方の「効率性」の概念は,典型的にはさまざまな数量的指標に体現される「経営資源のインプットに対するアウトプットの比率」と定義され,たとえば,ある組織が他の組織に比べてより少ない費用(資源)によって同一の生産レベルを達成できたとすれば,その組織はより「効率的」であると判断できる.ゆえに,こうした「効率性」の問題は,組織の内部構造や業務システムにおける改善を必要とする意味において,組織の内部的な努力に関わっているといいうる.

しかし,ときに企業の「有効性」に関わる長期的視野に基づく設備投資や基礎研究への投資などは,必ずしも利益に直結するものではなく,「効率性」の主要な指標となる短期的収益にはマイナスの効果をもたらすかもしれない.すなわち,こうした「有効性」と「効率性」の概念は必ずしも容易に両立しうるとは限らないのである.そして,一般にマネジメント上の努力は,比較的長期の視野を必要とし,また企業活動の社会的な適切性の次元をも含みうるがゆえに一義的な測定や評価の難しい「有効性」よりも,内部的努力の問題であるがゆえに測定や評価も容易で,また短期的に成果を出しやすいといった理由から「効率性」の側面に向けられやすいといわれている.しかし,企業組織が社会的関係のネットワークの中に埋め込まれた存在である以上,一定の「有効性」を確保することは,その存在意義を見出し,また満たすことに等しい.ゆえに,これらの「有効性」および「効率性」概念の示す成果は,企業組織によって,バランスよく同時的に追求されるべき課題であるといえよう.

(2) 成果測定のアプローチ

組織の成果を測定することは,その現状を的確に把握し,またそのコント

ロールを通じて組織の「有効性」ないし「効率」を高めるうえで必要不可欠な作業である．そして，たとえばダフト（Daft, R. L.）は，そうしたリーダーが組織の成果を測定するうえで注目すべきアプローチとして，「アウトプット」「内部プロセス」「インプット」といった組織活動上の諸局面，および企業を取り巻く「利害関係者」の存在に焦点を当てた4つのアプローチを紹介している（Daft, R. L., 邦訳，2002：42-51）．

① ゴール・アプローチ

組織の目標（ゴール）としての'アウトプット'を特定し，組織がどれだけその目標に到達しえたかを評価する．典型的には，数値化可能で測定も容易なオペレーション上の指標を用いることが一般的であり，また生産的である．企業組織では，とくにこうした収益性，成長性，市場シェア，ROIなどのアウトプット指標がその中心的な評価を形成する．しかし，組織には複数の，ときに相反する目標が存在するために，組織の成果をひとつの指標で測定するわけにはいかない場合がしばしばある．また，ある種の目標，たとえば，従業員の満足度や社会的な責務などは数値的な把握が困難な主観的要素がむしろ重要な場合もある．

② 内部プロセス・アプローチ

組織の内部プロセスに注目し，その健全さや効率性によって組織を評価する．このアプローチでは，組織の経済的な効率もひとつの指標として用いられるが，むしろ伝統的に組織内部のチームワークや信頼，企業文化など，いわゆる人間関係論的な側面を重視する傾向がある．すなわち，そうした良好な人間関係や企業文化が組織の内部プロセスの円滑な機能にとって重要な要素であると考えられるからである．しかし，こうした人間的な要素に対する評価はしばしば主観的なものになりがちで，また，実現されたアウトプット，および外部環境との関係が多くの場合に不明瞭であるといった点に限界がある．

③ 資源依存アプローチ

組織のインプット局面に注目するものであり，好業績のために必要な経営資

源（財務的資源，原材料，有能な人材，知識など）を有効に入手し，また管理しえているかという点から組織を評価する．典型的には，獲得した利益額のような明示的なアウトプット指標による評価が難しいNPOや社会福祉団体，労働組合などの非営利組織に対して適用されることが多い．しかし，そのアウトプットと切り離されたインプット面のみの評価は常に現実の社会的ニーズから遊離する危険をはらんでいるため，このアプローチは，アウトプットに関する指標が容易に入手できない場合にのみ用いられるべき手法であるといえる．

④　ステークホルダー・アプローチ

組織を取り巻く多様な利害関係者（ステークホルダー）に注目することによって，組織のさまざまな活動の成果を総合的に評価する．このアプローチの特徴は，組織の有効性を限られた尺度や視点から測ることは難しく，また適切ではないという考え方にある．たしかに，各利害関係者は，組織に対してもつ利害関係もそれぞれ異なるために，組織成果の評価基準も，当然，多様なものとなり，その調整もより困難なものとなる．しかし，あえてそうした複数の評価基準に対して，同時的かつ適切に対応していくことが現代企業に求められる必要不可欠な条件であると考えられる．

以上，4つの成果測定のアプローチにおいて，中でも最後のステークホルダー・アプローチは，多様な視点が内包されている点においてもっとも複雑であり，またもっとも現代的なアプローチであるといいうる．しかし，各手法にはそれぞれのメリットとデメリットがある．ゆえに，現実にはこれらの手法を組織状況，および環境条件に合わせて適宜選択したり，また組み合わせたりしながら，組織成果の評価を行うことが望まれる．

3. 組織目的と経営階層

(1) トップの役割

トップ・マネジメントは，企業組織のヒエラルキーの頂点に位置し，企業が長期的に存続し，また発展していくための将来構想を描き，組織全体を導き統

制するという重要な職務を担い，またその成果に対してもっとも重大な責任を負う職位である．しかし，一般に企業成長がもたらす組織規模の拡大は，彼らが経営活動のプロセスや成果のすべてを把握し，監督し，その詳細に関わることを困難なものとする．そして，近年の複雑で，変化の激しい不確実な経営環境下においては，それがもたらす多様な課題や変化に経営トップ層による集中的な管理スタイルによって対応することは困難であり，また適切でもない．そうした個別の変化や課題に対しては，むしろミドル以下の現場レベルの組織成員が自律的かつ能動的に行動し，状況に適した柔軟な対応を遂行することが求められている．そして，近年のIT革命に主導された組織の情報化の進展は，そうした組織の「自律分散型」のスタイルを可能とし，またそうした方向への組織進化を強く後押ししているのである．

　では，そうした自律分散化の進む現代の企業組織において，経営トップ層が果たすべき主要な役割とは，いったいどのようなものであろうか．おそらく，そのもっとも重要な仕事は，企業が長期的なスパン（期間）において達成することを目指す全体目的，あるいはその社会的使命を経営理念やより具体的なビジョンを通じて表現し，またそれを組織の内外に向けて伝達し，浸透させる'スポークスマン'としての役割を果たすことにあると考えられる．しかし，それは単なる企業の'広報'や'宣伝マン'といった意味でのスポークスマンを意味するものではない．すなわち，現代の経営トップには，内部の組織メンバーはもとより，外部のさまざまな利害関係者を魅了し，納得させ，また望ましい方向へと導くだけの実質的な内容と力のある表明を自分自身の言葉で語ること，またそれに見合う真の力量が求められているのである．

　かねてより，わが国企業はトップが戦略的意思決定局面において主導的な役割を果たす，いわゆるトップダウン型ではなく，ミドル以下の下位層が組織を支えるボトムアップ型ないしミドル・アップ・ダウン型などといわれてきた．しかし，わが国企業の現状を考えるとき，少なくとも製品・サービスのレベルでは欧米先進国を'お手本'ないし目標にできたキャッチアップの段階はすで

に終了し，自ら目指すべき目的や使命を模索する必要に迫られている．ゆえに，わが国企業においても，トップ・マネジメントがその本来の役割を積極的に担うべき時代が到来しつつあるといえよう．

(2) ミドルの役割

ミドル・マネジメントとは，文字どおり，組織のヒエラルキー内で，いわゆる上層のトップ・マネジメント（経営層）と下層のロワー・マネジメント（現場管理層）のまさに「中間」に位置する管理者層を意味する．彼らは，典型的には事業部門レベルの長として，組織の全体目的，ないしミッションから演繹された部門単位の目標達成に関する一定の権限と責任をもち，その活動を主導する立場にある．しかし，一方で，まさに組織の「中間」に位置することから，しばしばトップ・マネジメントの高邁な理想や要求と現場からの要請の'板ばさみ'に苦しむストレスフルな職位であるというイメージがつきまとうのもこうしたミドル層の特徴である．

そして，まさにその「中間」という階層上の位置に注目するならば，その役割は，組織内のさまざまな階層，部門の人びとを結び付ける「連結ピン」として，トップからの指示を現場レベルに伝え，逆に現場レベルで得られた情報をトップに報告する（情報の）'媒介者'，あるいは組織成長がもたらす組織の高層化によって距離のうまれる上下層間の'調整役'に求めることができる．しかし，高度情報化社会の到来を背景として，すでに多くの企業で組織内外を結ぶ情報ネットワークが整備されてきており，組織の階層間，部門間の情報格差はますます縮小する傾向にある．こうした組織の「情報化」の論理は，すでにミドルの単純なレベルでの情報仲介機能の価値を急激に低下させており，それは一時声高に叫ばれた「組織の中抜き」現象，いわば'ミドル不要論'の有力な根拠ともなっている．また，ますます多様で複雑な新たな課題を企業につきつける昨今の変化の激しい企業環境，ならびにすでにキャッチアップ段階を終えたといわれるわが国企業の現状は，企業経営の最高責任者であるトップのみ

ならず，組織のすべての階層（全体）に対して俊敏な変化への対応と未来を切り開く創造力の発揮を要求するものである．そうした状況において，ミドルが常にトップのいいなりであったり，また組織の受動的な'調整役'であり続けたりすることは許されるものではないだろう．

ゆえに，こうした現代企業の直面する状況は，現代のミドル・マネジメントに新たな役割を担うことを求めている．すなわち，より進化したミドルは単なる'媒介者'ではなく，トップ・マネジメントによる抽象的な理念やビジョンに込められた'理想'と現場レベルの経験に根ざした情報の示す'現実'の矛盾や葛藤に立ち向かう中で，むしろ自ら重要な戦略課題（目標）を見出し，また新たな事業コンセプトやビジネスモデルの発信源となる，いわば情報の'創造者'としての役割が期待されているのである．また，さらにミドルは，組織情報流の結節点に位置し，組織のすべての層に対して何らかの影響力を直接およぼしうるその立場を活かして，積極的に社内・社外でのネットワークづくりを行い，コンセプト実現に必要な一定の影響力を保持する手腕が求められる．そして，ミドルがこうした新たな役割を遂行するとき，彼らは単に組織の「中間にある職」ではなく，企業戦略の重要な担い手，また経営革新の主要な推進者としての「戦略的ミドル（strategic middle）」とよぶにふさわしい存在となりうるであろう．

演・習・問・題

問1 現実の企業の経営理念にはどのようなものがあるか，またその由来について調べてみよう．（ヒント）さまざまな会社のホームページを閲覧する．または，推薦図書にあるような各社の経営理念を集めた書籍を活用する．

問2 組織成果を測定するための各種のアプローチについて，それぞれの長所と短所を考えなさい．

問3 現代企業組織において期待されるトップ・マネジメントとミドル・マネジメント，それぞれの役割について述べなさい．

参考文献

Daft, R. L. (2001) *Essentials of Organization Theory & Design*, 2nd ed., South Western College.（高木晴夫訳『組織の経営学』ダイヤモンド社，2002年）

榊原清則（2002）『経営学入門（上）』日経文庫

《推薦図書》

1. 小野桂之介（2005）『ミッション経営のすすめ〈新装版〉』東洋経済新報社
   社会的使命を中核とするミッション・マネジメントの事例と解説.
2. 社会経済生産性本部編（2003）『ミッション・経営理念 社是社訓（第4版）』生産性出版
   約1000社に及ぶ日本企業の経営理念・ミッションの一覧.
3. Daft, R. L. (2001) *Essentials of Organization Theory & Design*, 2nd ed., South Western College.（高木晴夫訳『組織の経営学』ダイヤモンド社，2002年）
   実践的な内容も備えた組織理論におけるアメリカの代表的教科書.
4. 三品和広（2004）『戦略不全の論理』東洋経済新報社
   日本企業の最重要課題として経営トップ育成システムの整備を指摘.
5. 十川広国（2002）『新戦略経営・変わるミドルの役割』文眞堂
   企業の戦略構築と再活性化において求められるミドルの役割に注目.

第3章の要約

　一般に，企業組織は，必要な経営諸資源の獲得とまた自らの製品やサービスの提供といった，その外部環境との「相互作用」を行うことによって，はじめてその存続ないし成長が可能となる「オープン・システム」であるといいうる．ゆえに，とくに必要資源の提供者である他組織との関係をいかに構築し，また管理するか，すなわち「組織間関係」の形成・維持に関わる問題は，あらゆる企業組織にとってきわめて重要な経営課題のひとつとなりうる．そして，本章では，そうした多様な組織間関係の中から，わが国独自の企業間関係のパターンであるとされる「総合企業集団」とよばれる企業グループ，および「企業系列」とよばれる企業間取引の典型的形態について紹介している．とくに後者の企業系列は，いわゆる純粋な市場取引とも，また完全な組織統合とも異なる，しかし両者のメリットを兼ね備えた「中間組織」とよばれる特有の関係調整のメカニズムを特徴とし，とくに自動車産業を中心としたわが国製造業の強さの源泉であるともいわれてきた企業間関係の一形態である．また，こうした企業間の連携行動は，一般に「アライアンス（提携）」とよばれ，資本関係の有無や，その目的・範囲の点からも実に多様な形態が存在している．しかし，中でも近年，とくに「戦略的アライアンス」とよばれる，戦略性の高い企業間の連携行動が注目を浴びるようになってきている．

第3章　組織間関係

1. 日本の企業間関係

(1) 企業グループ

　一般に，大企業が多くの子会社ならびに関連会社をその傘下において，主に出資（資本）関係を基礎とした支配—従属的関係を作り上げる企業の'グループ化'現象そのものは，企業成長のひとつの過程ないし結果として頻繁に存在しうるものである．それらは，しばしば'個別'企業グループとよばれ，'親会社'としての大企業を頂点に頂くピラミッド構造を形成するものであり，たとえばわが国でも，ソニー・グループ，松下グループ，イトーヨーカドー・グループなど親会社の名称を冠したグループ名によって総称される企業グループが数多く存在する．

　しかし，わが国の企業間関係にみられる大きな特徴のひとつは，そうした主要な大企業同士が，主に互いの株式を所有しあう「株式の相互持合い」という構造的関係を基礎として，一般に'総合'企業集団とよばれるさらに高次の企業グループを形成していることである．現在，こうしたタイプの企業集団には，三井，三菱，住友，芙蓉，第一勧銀，三和の6系統が存在し，一般に'六大企業集団'とよばれている．これらのうち前3者は，いわゆる'旧財閥系'であり，戦後の財閥解体によって一度分散した旧財閥企業を中心に新たなグループが形成された例である．ただし，そうした財閥の復活ともみえる現代のグループ化は，戦前の財閥支配のように財閥家族あるいは財閥本社が傘下の企業をその株式所有によって一極的に集中管理するような構造ではなく，グループの意思決定ないし調整機関としての「社長会」を頂点とした，あくまで構成メンバーである大企業同士のゆるやかな協力関係として存在している点に特徴がある（図表3－1参照）．

　しかし，こうした企業集団の現実の機能は，単なる協力関係を超えた側面をも有しているといわれてきた．とくに株式の相互持合い構造は，グループの構

図表３－１　総合企業集団の構造イメージ

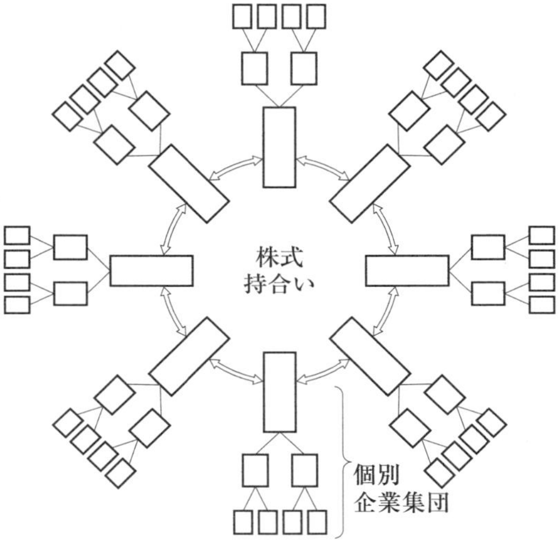

株式
持合い

個別
企業集団

出所）小松章（2000：145）

成メンバーが事実上，互いに相手の大株主であり，典型的には安定株主であるという状況をもたらす点で，各企業集団の「社長会」を単なる意思調整機関としての意味を超えた，わが国を代表する大企業の大株主の集まりとしている．また，こうした企業集団は，それぞれが銀行，総合商社，その他各種の製造業およびサービス業まで，いわばわが国の主要産業における代表的企業を網羅するかたちをとる「ワンセット主義」にもその重要な特徴を見出すことができる．こうしたメンバー構成は，事実上，各企業集団が必要とするヒト・モノ・カネに関する取引のほとんどをグループ内取引において済ませることが可能となることを意味している．それは，メンバー企業間での株式所有にとどまらない取引面での相互協力・補完関係のあらわれであるとともに，明らかに企業集団同士の強い対抗意識を示すものであり，わが国における激しいグループ間競争と業界レベルの'過当競争'傾向を象徴するものであるといえる．

しかし，こうした総合企業集団のグループ構造は，1990年代のバブル崩壊

以降，少しずつではあれ変化をみせはじめている．すなわち，長期にわたる構造不況と国際競争の激化により，今まで絶対的なグループ結合の基礎であった株式相互持合いの解消，またグループの枠を超えた合併や企業行動を選択する，あるいは選択せざるを得ない状況がみられるようになってきている．

(2) 企業系列

　企業系列とは，一般に有力大企業がその資本的優位や市場での競争力を背景として，取引先（中小）企業を自社の傘下におさめる形で形成されるわが国に典型的なグループ関係を意味する．その範囲は，製造企業における生産（下請），販売，また流通企業における商品仕入，さらに「メインバンク制」にみられる金融機関による融資関係など，企業間取引のさまざまな局面に及んでいる．

　そして，こうした諸種の企業系列の中でも，とくにわが国製造業の強さの大きな要因としてあげられることの多い「生産系列」（または下請系列）は，その効率性の高さから世界的にも注目を集め，すでに 'Keiretsu' として英語化されるほどの影響を与えている．生産系列は，一般に完成品メーカーとしての大企業を頂点とし，その傘下に多くの部品メーカーが多層的に配置されたピラミッド型の構造によって形成されており，わが国の自動車産業にその典型的な姿を見出すことができる（図表3－2参照）．すなわち，自動車生産には，何万点もの膨大な部品を組み立てるための多くの工程をこなすことが必要となるが，わが国の主要メーカーであるトヨタや日産といった大企業本体が行うのは，一般に全生産プロセス中の約3割程度，とくに最終的な組立工程および化粧塗装といった自動車生産の「仕上げ」段階に過ぎない．こうした点は，とくに部品の内製化率の高い（約7割程度）欧米企業とは著しい相違点であるといえる．そして，残りの約7割に相当する，主に部品生産のほとんどの業務を担っているのが，巨大完成車メーカーの傘下に属する部品メーカー（下請企業）群なのである．

図表３－２　自動車産業の系列構造のイメージ

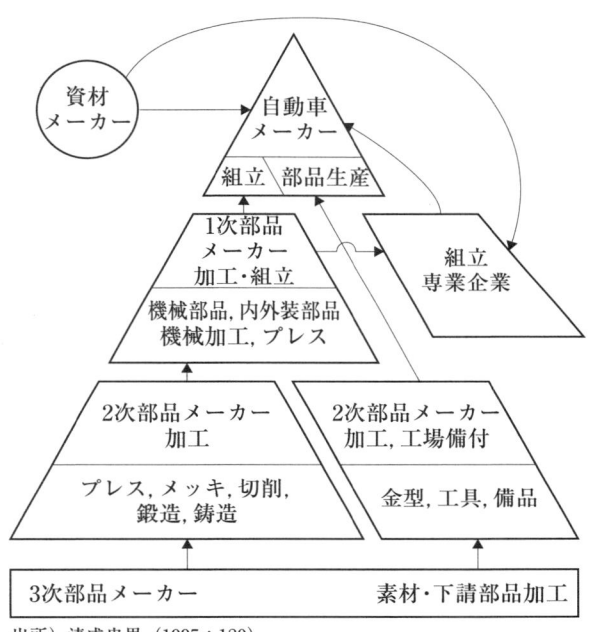

```
         資材          自動車
         メーカー  →   メーカー
                     組立 \ 部品生産
                   1次部品
                   メーカー         組立
                   加工・組立  →   専業企業
                 機械部品,内外装部品
                 機械加工,プレス
         2次部品メーカー      2次部品メーカー
             加工              加工,工場備付
         プレス,メッキ,切削,    金型,工具,備品
         鍛造,鋳造
         3次部品メーカー      素材・下請部品加工
```

出所）清成忠男（1995：180）

　また，こうした完成車メーカーと下請企業間の関係そのものも独特なものである．そうした企業間関係は，必ずしも株式所有に基づく資本関係を要することのない，あくまで取引面での関係が中心となる．しかし，にもかかわらず，そこには大企業と中小企業間の典型的な競争力の格差を背景として，強い支配―従属関係が形成されることが多い．すなわち，そこには実質的な親会社―子会社，あるいは孫会社といった典型的な「親子関係」が成立しており，形式的には独立した企業間の関係でありながらも，下請企業は完成車メーカーに擬似的に統合されてきたといいうる．ゆえに，納入部品の品質向上や納品価格の切り下げなど，親メーカーからのときに過大な要求に対しても，下請企業はその関係存続のために甘んじて対応せざるをえないといった実態がある．しかし，一方で，こうした企業間関係には，通常の市場取引に想定される範囲を超

える意味での取引関係の長期的な継続性が認められる．そして，その誘引は，こうした系列関係の「親子関係」が，単純な支配―従属関係のみならず，恩情と庇護といった家族関係をも内包するものであることに求められる．すなわち，一方で親会社は，その貢献が自身の競争力に大きく影響を与える可能性をもつ傘下企業に対して，資金提供や人的交流，また技術支援などさまざまな側面で支援・育成を行っている．ゆえに，こうした生産系列の関係性は，強い支配―従属関係を基本としながらも，多かれ少なかれ，長期的な「ギブ・アンド・テイク」の関係的要素が埋め込まれているといえる．そして，こうしたギブ・アンド・テイクを基礎とした継続的な取引関係は，ときに相互信頼に基づく頻繁な情報交換や組織的な学習効果を生み出すことによって，とくに日本製造業の強さ，具体的には製品の品質および価格の安定性に大きく貢献してきたと考えられるのである．また近年では，たとえばそうした完成品メーカーと部品メーカーが受発注や情報交換を行う高度な情報システムで結ばれたり，特定の優良部品メーカーが親会社の指示（貸与図）どおりに部品を作るのではなく，むしろ部品設計に関して積極的に提案する「承認図メーカー」として新車の開発段階からその設計に参画する（デザイン・イン）など，こうした系列関係は，質的により高度化する傾向をみせている．

2. 中間組織の原理

(1) 企業間取引の次元

　上述の日米自動車メーカーの例において，アメリカ企業が一般的に自社組織で内製している，そのかなりの部分を日本企業は，系列内企業への外注によって外部から調達する傾向があることについて触れた．こうした日米企業の「内製比率」の違いにみられるように，企業が必要な活動をどこまで行うのか，いわば企業の内部と外部を隔てる‘境界'設定は，ア・プリオリに正しい解といったものがあるわけではなく，多くの場面で「メイク・オア・バイ（make or buy）」，すなわち，自社内で必要な生産ないしサービスの供給を行うか，そ

れとも市場を通じて外部（他社）から製品やサービスを購入するかという選択の問題に直面することになる．すなわち，いわゆる「内部組織化」（統合）と「市場取引」という相互に代替的な取引形態の選択である．

　一般に，こうした内部組織化か，あるいは市場取引のどちらを選択すべきかは，自社内で生産・供給した場合の「生産コスト」と社外から調達した場合の「調達コスト」のどちらがコスト的に有利かという単純な比較が優先的な考慮事項となりうるだろう．しかし，たとえば「市場取引」を選択する場合，その調達コストには，単に製品・サービスの調達価格だけでなく，そもそも適切な取引相手の探索や彼らとの交渉に要する，主に情報獲得のための費用，また当該取引が継続して行われる場合には，取引が適切かつ安全に達成されたかを監視する費用など，総じて一般に「取引コスト」とよばれる諸費用をも考慮する必要がある．また，ある時点において，内製コストより外部からの「調達コスト」が相対的に割安な場合でも，あえて企業が生産ないし取引の内部化を選択する場合もある．なぜなら，短期的には割高であったとしても，あえて重要な生産工程ないし取引を内部化することによって，関連する技術やノウハウを「ラーニング・バイ・ドゥーイング（learning by doing）」（実践を通じた学習）によって獲得する有効な機会をえられる可能性があるからである．しかし，一方で内部組織化は，市場取引におけるように容易に取引を停止したり，別の取引相手に乗り換えたりすることが相対的に困難であるため，機動的な資源・事業の展開や組換えを阻害する要因となる場合がある．

　以上のように，企業にとっての取引形態の選択肢は，基本的に内部組織化か市場取引かの2つである．そして企業は，取引形態の選択において，内部組織化／市場取引それぞれのメリット・デメリットを十分に比較考量する必要があり，最終的な企業の境界設定は，当該企業自身の意思決定ないし戦略に依存するものであるといえる．しかしながら，日本の企業関係の代表的な特徴である'系列'は，基本的には市場を通じた企業間の取引でありながら，ひとつの内部組織であるかのような支配─従属，およびギブ・アンド・テイクの協力関係

が機能し，実態として長期にわたる継続的な取引が遂行されている．ゆえに，こうした系列にみられるような企業間の取引関係は，市場でのスポット的（1回限りの）取引と企業による完全な組織への内部化の両方の要素を含んだ，まさに中間的なシステムであるという意味で「中間組織」とよばれ，純粋な内部組織化と市場取引と並ぶ第3の取引形態ないし取引戦略として規定されることがある．そして，こうした「中間組織」形態は，生産局面のみならず，販売，仕入，融資などさまざまな系列関係にも適用可能であるが，とくに日本製造業の安定性および効率性の高さが評価されるにしたがって，市場取引のもつ機動性と柔軟性，また内部組織のもつ統制力と安定性，ならびに信頼・協力関係の確保といった両者のメリットをあわせもった取引の形態として評価されるようになっている．

(2) 中間組織のマネジメント

　こうした日本の系列組織に代表される「中間組織」は，まさに内部組織の原理と市場取引の原理を巧みに組み合わせた取引の形態である．すなわち，中間組織は特定の取引相手との継続的な取引関係を前提とするため，一種の'擬似'内部組織として，信頼関係や協力関係を形成しやすく，また純粋な市場取引に伴う諸種の「取引コスト」を低下させることが可能となる．また一方で，それは形式的にはあくまで独立した企業間の（市場）取引であり，最終的にいつでも取引関係を解消し，より有利な条件の取引相手に移行する可能性が残されていることから，完全に取引が統合される純粋な内部組織に比べればはるかに柔軟である．そして，こうした潜在的な関係解消の可能性は，取引参加者間での競争圧力を生み出すことによって，内部組織が陥りがちな'惰性'や'馴れ合い'を防ぐ一定の緊張感をもたらす．実際，系列取引には，安定した関係を前提とした密度の高い協力関係とその一方での下請企業間の熾烈な競争が並存しているといわれ，そうした競争が現場レベル，あるいはグループ全体レベルでの改善やイノベーションに対するインセンティブとなっているのである．

こうした中間組織の有効なマネジメントのカギは，以上のような内部組織が示唆する「協調」と市場取引が示唆する「競争」を巧みに適切なバランスをとりながら使い分けることにあるといえる．しかし，現実にそうしたバランスを確保するための舵取りは，それほど容易なことではない．とくに，当初は中間組織的な性格を帯びた取引であったとしても，それが長期にわたって継続され，また質的に高度で複雑な関係が築かれるようになると，その関係自体が既得権益となり内部組織と同等の固定性をもってしまうようになるといった問題が起きやすい．こうした取引関係の固定化は，むしろ内部組織のメリットではなくデメリットを顕在化させ，また市場取引的要素のメリットを排除することによって，資源・事業の機動的展開ないし転換を阻害し，変化への対応力を著しく低下させる原因となりうる．また，一方で，それが真の内部組織ではないために，たとえば取引条件の変更等について指揮命令による意図の貫徹は難しく，むしろ調整に手間のかかる合意形成を必要とするかもしれない．中間組織が評価されてきたのは，あくまで内部組織—市場取引の原理を巧みに結合し，両者のメリットを顕在化させることによって，むしろ両者の弊害を避けることが可能であったことによる．しかし，こうした本来正反対の性格をもつ2つの形態のハイブリッド型である中間組織の場合には，よほどうまく運用を行わないと，組織への統合と市場での取引という2つの原理のメリットではなく，双方のデメリットが顕在化してしまうことになりかねないのである．

　実際，こうした中間組織の代表的存在であり，またその強さのひとつの源泉として評価されてきた日本企業の系列関係についても，近年，系列内での取引が固定化されるようになり，変化への適応を妨げているという指摘がなされるようになってきている．また，中間組織の場合には，複数の企業間で相互にメリットあるウィン-ウィンの関係を作り出し，維持していくことが重要な条件となりうる．しかし，バブル崩壊後のわが国経済の長期不況やグローバルな企業間競争の激化といった日本企業の直面する不確実な環境条件下においては，従来どおりの安定した関係を続けることは難しく，またリスクの高い選択とな

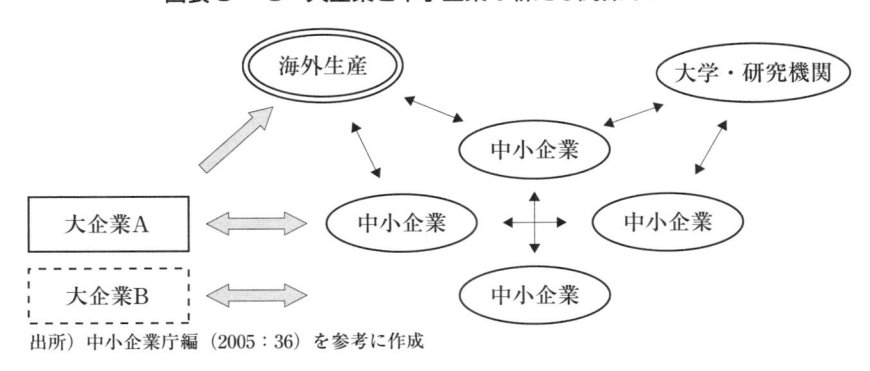

図表３－３　大企業と中小企業の新たな関係イメージ

出所）中小企業庁編（2005：36）を参考に作成

りつつある．そうしたことから，とくに海外生産比率の増大を背景とした完成品メーカーによる系列取引の見直しや優良下請企業の厳しい選別，逆に下請中小企業が，独自の製品・技術力を武器に系列の垣根を越えた取引範囲の拡大をはかる「脱下請化」といった従来の強固な結合関係を揺るがす新たな動きも，徐々にではあるが，みられるようになってきている．

3. アライアンス

（１）企業間提携

　一般に，独立した企業間で形成される経営資源の共同利用ないし相互補完を前提とした緊密な協力関係のことを「企業間'提携'」，または「アライアンス（alliance）」という．そうしたアライアンスの具体的形態としては，ライセンス供与，技術提携，共同開発，共同生産，ジョイント・ベンチャー（合弁事業）やコンソーシアム（複数企業による共同プロジェクト事業），また諸種のアウトソーシング（外部業務委託）などが考えられ，資本関係の有無やその業務範囲からみても実に多様な企業間の関係を含むものである．たとえば，これまで紹介してきた企業集団や取引系列といったわが国に特有の企業間関係は，まさにこうした企業間提携の一種と考えることができる．

　そして，こうした戦略的提携の機能的な意味での本質は，それがまさに一種

の「中間組織」に他ならないことにある．すなわち企業は，必要な資源や能力が不足する場合，そうした資源・能力獲得の手段として複数の選択肢をもっている．ひとつは，自社の内部で時間をかけて育成していく方法である．しかし，こうした内部成長型の資源戦略は，一定の時間およびコスト負担を覚悟せねばならず，とくに俊敏な反応を要請する現代の市場環境のもとでは，不利にはたらく可能性がある．また一方で，市場を通じた取引によって外部から資源・サービスを購入する方法がある．しかし，資源や能力の中には，その競争上の重要性が高い，あるいはその有効利用のために特殊なノウハウを要するなどの理由から，市場取引によっては入手しがたいものがある．ゆえに，こうしたタイプの資源・能力の獲得にあたっては，典型的にM&A（合併・買収）の方法がとられる．M&Aは，通常の市場取引に比較して，必要な資源・能力の付加的な情報・ノウハウを含めた包括的なかたちでの入手が可能であり，また内部育成型に対して圧倒的な時間の節約が可能であるというメリットがある．しかし，M&Aにも，多額の買収コストの存在やまったく異なる企業間の一体化を意味するがゆえに，企業文化・経営慣行の違いから統合後の組織構築が難しいといったデメリットがある．そして，こうした「内部育成型」およびM&Aを含めた市場取引による資源獲得に続く第3の方法が，こうした「提携」関係の構築である．そこには内部組織およびM&Aの結果としての固い組織統合とは異なり，いつでも比較的容易に関係を解消しうる可能性を残しながら，また原則として一回限りのスポット的な市場取引よりも，より安定的に他社の経営資源を利用することのできる，ゆるやかで柔軟な結びつきが形成されるのである．

(2) 戦略的アライアンス

そして近年，こうした企業間提携について，とくに注目されているのが「戦略的アライアンス（strategic alliance）」とよばれるタイプの企業間関係である．戦略的アライアンスは，一般に，一方が他方を支配するといった非対称の関係ではなく，互いに独立した，ときに本来ライバル関係にある競争相手同士の連

携をも含む「対等な関係」を前提としている．また，こうした戦略的アライアンスとそれ以外の企業間提携との違いは，その具体的な形態に基づくというより，その背後にある戦略的意図の明確さや，実際に構築される提携関係がもつ企業戦略上の重要度といったその「戦略性」の高さに求められる．すなわち，こうした戦略的アライアンスの本質は，自社の不足資源・能力を補完する意味合いが強かった従来の企業間提携とは異なり，自社，および関係企業全体としての競争優位を積極的に高めようとする強い戦略的な意図に求められるのである．典型的な例としては，それぞれ異業種に属する企業同士が，互いに未知の新規事業分野への進出を前提として，事業展開に必要なスキルやノウハウをパートナーから互いに吸収しあう相互学習を目指すといったケースが考えられる．また，さらにより進化した形態として，より積極的で密接な提携企業間のコラボレーション（共同作業）の実現を通じて，新たなビジネス上の価値ないし資源・能力を発見し，まったく新しい製品やサービス，あるいは知識資産を創造しようと試みるケースもでてきている．

　ただし一方で，戦略的アライアンスは，あくまで独立した企業間の対等な関係であるために，共同作業プロセスにおける主導権争いが生じたり，また本来守るべき情報やノウハウ，さらに自社のコア能力がパートナーを通じて流出するといった不安定要素やリスクに常にさらされていることも事実である．しかし，激しく変化する不確実な現代の企業環境は，企業による将来予測をますます困難なものとしており，また自社の内部資源のみにたよった企業単独でのそうした変化への対応はより難しいものとなってきている．ゆえに，それがかかえる問題点やリスクにも関わらず，戦略的アライアンスという企業間関係のあり方は，現代企業にとって，ますますその戦略的価値を高めており，今後も積極的に展開されていくことが予想される．なお，戦略的アライアンスについては，本シリーズ第3巻『戦略提携（アライアンス）』を参照されたい．

演・習・問・題

問1　わが国に特有の企業間関係である「総合企業集団」および各種の「系列取引」の特徴について説明しなさい．

問2　「中間組織」のメリットとそのマネジメントの要点について説明しなさい．

問3　新聞・雑誌などで「戦略的提携」の実例を探し，その戦略的意図について考えてみよう．

参考文献

中小企業庁編（2005）『中小企業白書（2005年版）』ぎょうせい
清成忠男（1995）『日本型組織間関係のマネジメント』白桃書房
小松章（2000）『企業形態論（第2版）』新世社

《推薦図書》

1. 赤岡功・日置功一郎（2005）『経営戦略と組織間提携の構図』中央経済社
　　組織間提携の戦略的な意味と新たな展開について多角的視点から解説．
2. Doz, Y. L. and G. Hamel (1998) *Alliance Advantage*, Harvard Business School Press.（志太勤一・柳孝一監訳／和田正春訳『競争優位のアライアンス戦略』ダイヤモンド社，2001年）
　　戦略的アライアンス（提携）を成功に導くマネジメント論を展開．
3. 境新一（2004）『企業紐帯と業績の研究』文眞堂
　　「紐帯」概念に基づく日本の企業グループに関する精緻な実証分析．
4. 清家彰敏（1995）『日本型組織間関係のマネジメント』白桃書房
　　自動車，造船業の事例をもとに日本の組織間関係とマネジメントを分析．
5. 山倉健嗣（1993）『組織間関係』有斐閣
　　「組織間関係論」の主要なトピックスが体系的に網羅された基本書．

第4章の要約

　いわゆる「IT革命」は,「インターネット」の普及を中心的基盤として,情報通信に要するコストと時間を大幅に低下させることによって,われわれの情報交換における可能性を大幅に拡張する「コミュニケーション革命」,ならびに「サイバースペース（電脳空間）」とよばれる特異な社会空間の生成を可能としている.そして,こうした社会のIT化の流れは,企業のビジネスや組織のあり方にさまざまな変化をもたらしている.まず,Eコマースを中心とする「eビジネス」は,新たなビジネスモデルの創出を含めて,ますますその範囲を拡大している.また,企業組織内部では「イントラネット」と呼ばれる社内ネットワークの構築によって組織情報のほとんどが権限階層や部門間の壁を越えて全社的に共有することが可能となっている.こうした企業組織の情報ネットワーク化は,一般に従来のヒエラルキー（階層）型から,いわゆる「ネットワーク型」とよばれる自律分散的な構造への移行をうながすものであるといわれている.また,近年では複数の自律的な企業がネットワークを介して連携し,ひとつの企業であるかのようにビジネスを遂行する「バーチャル・コーポレーション」なども登場している.総じて,IT戦略のあり方は,現代企業の存続ないし競争力を左右する最重要課題のひとつとなっており,全社的なITの有効活用と管理を進めるための「ITガバナンス」体制の整備が必要となってきている.

第4章　サイバースペースの経営組織

1. 情報社会の到来

(1) IT 革命

われわれは，一般に「IT 革命」と称される，情報技術（IT：Information Technology）の飛躍的発展によって主導された日々高度化する情報社会の中に生きている．私たちの身のまわりには，携帯電話やパソコンを筆頭とした多くの情報通信機器があふれ，すでに仕事や日常生活において必要不可欠なものとなっている．さらに，ごく日常的に使用するさまざまな家電製品や自動車といった機器・装置には，超小型コンピュータといえるマイクロプロセッサが組み込まれ，製品機能の高度化の要としての役割を果たしている．そうした意味で，われわれはすでに生活のいたるところで，また必ずしも意識することなくITの恩恵にあずかっているのである．

そして，こうしたIT革命の中心基盤を形成しているのが，1990年代半ば以降，世界的規模で急速に普及した「インターネット」の存在である．インターネットは，もともと限定されたメンバー間での情報交換を行うためのコンピュータ・ネットワーク同士を相互に接続したメタ・ネットワークを意味していたが，現在では，世界中の膨大な数のコンピュータや情報端末が自由につながることのできる，境界なき分散型の'巨大な通信ネットワーク'として存在している．そして，さらに現代のインターネットは，ブロードバンド，モバイル通信，常時接続といった利用環境の整備を通じて，「いつでも」「どこでも」「だれでも」，また多様な情報端末からアクセス可能なユビキタス・ネットワーク化を実現しつつある（図表4－1参照）．

ちなみに，わが国におけるインターネットの普及状況をみると，その利用人口は，2004年末の時点で対前年比218万人増の7,948万人と推計され，人口普及率では62.3%にのぼっている．すでに一定の普及率を達成し，その伸び率はやや鈍化しているものの，その利用者は順調に増加する傾向にあるといえよう．

第4章 サイバースペースの経営組織

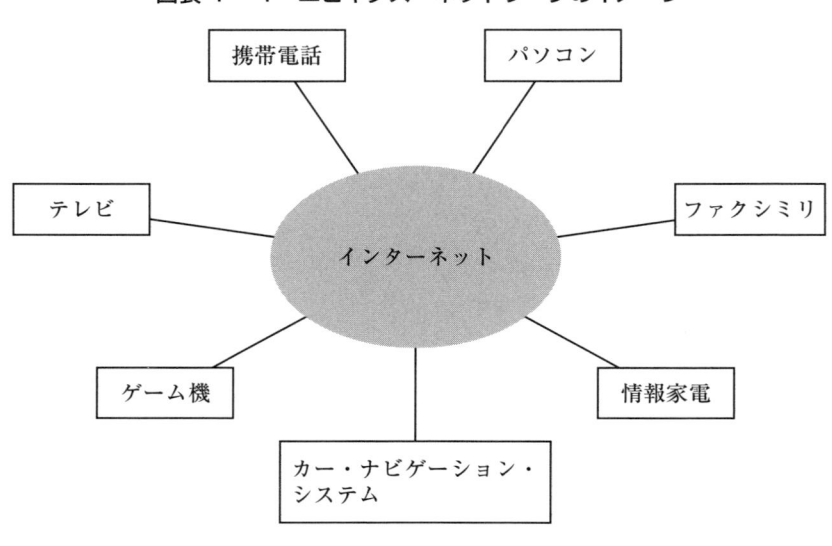

図表4－1　ユビキタス・ネットワークのイメージ

```
         携帯電話        パソコン

 テレビ                            ファクシミリ
              インターネット

 ゲーム機                          情報家電

         カー・ナビゲーション・
         システム
```

　また，世帯普及率では86.8%，さらに企業普及率では98.3%を達成しており，IT化の波がすでに社会的なレベルに及び，深く浸透しつつあることがうかがえる．

(2) サイバースペースの形成

　インターネットを中心的基盤とした「IT革命」の本質は，情報通信に要するコストと時間を大幅に低下させ，通信可能な範囲を一気に地球規模にまで拡大しながら，さらに密度の高い情報のやりとりを可能にすることにある．すなわち，それは，われわれの情報交換における範囲（リーチネス）および情報の密度ないし豊かさ（リッチネス）を大幅に拡張する，いわば「コミュニケーション革命」をもたらすものであるといえる．

　しかし従来，情報通信手段ないし技術の発展は，おおむね情報のリッチネスを犠牲にしながらリーチネスを拡大する方向へと展開されてきた．すなわち，インターネットがとくにその通信コストの大幅な低下を背景に世界的規模の通

信ネットワークとなりえた点において，コミュニケーションのリーチネスを大きく拡大したことはいうまでもない．しかし，一方で伝達される情報の密度ないし豊かさ，すなわち情報のリッチネスは，長らく情報伝達のリーチネスの拡張とはトレードオフの関係にあった．たとえば，情報の伝達手段として，①対面による直接対話，②電話，③手紙等の文書，そして，④電子メールという4つのメディアを考えた場合，①の直接対話では，互いの表情や声のトーン，あるいは対話状況のコンテクストをダイレクトに共有しうることから，対話の内容以外のよりリッチな情報を伝達ないし交換することが可能である．そして，一般に前者から後者に進むにつれて，コミュニケーションにおける距離，時間，あるいは場所といった直接対話による制約をかなりの程度緩和することによってそのリーチネスを拡大する手段となりえているが，その反面，得られる情報の質および量的な豊かさは低下していくと考えられるのである．

しかしながら，近年のITの高度化は，むしろこうしたリーチネスとリッチネスのトレードオフ関係を緩やかに解消する方向へと進んできている．すなわち，現代のインターネットでは，音声，グラフィック，画像，動画などを比較的簡単に処理し，またそうした大容量のデータの通信・交換が可能となってきている．ゆえに，ITの進歩は，さまざまな情報メディアを駆使することによってよりリッチな情報伝達を可能としつつあり，結果として，もちろん一定の制約はあるものの，デジタル・コミュニケーションのリッチネスは対面による直接対話のそれにかなりの程度近づいてきているといえるのである．

そして，上記のようなITの高度化とインターネットの普及を核としたデジタル通信網の拡大は，われわれが実際に生きているリアルスペース（現実空間）と並行する形で，一般に「サイバースペース（電脳空間）」，あるいは「バーチャルスペース（仮想空間）」とよばれる特異な社会空間の生成を可能とする．それは，従来のアナログ技術をベースとした実在空間ではなく，あらゆる存在がデジタルな記号へと変換され伝達される，物理的には存在しないバーチャルな空間である．しかし，そうしたネットワーク上のバーチャルな'場'

において，すでに多くの新たな出会いや新たなビジネス，そして新たな犯罪すら生まれている現状がある．すなわち，こうした「バーチャルスペース」は，人びとの濃密なコミュニケーションの行きかう生活空間の一部として，本来のリアルスペースと並存し，また交差しながら，ますますその影響力を拡大しているのである．

2. サイバースペースの中の企業

(1) eビジネス

　IT革命に支えられた「サイバースペース」の生成とその広がりは，企業組織の経営行動，あるいはそのビジネスモデルにおけるさまざまな変化を生みつつある．すでに多くの企業がインターネット上のサイバースペースを有力なビジネス・プラットフォームとして認識し，活用するようになっており，そうしたサイバースペース上で行われるビジネスは，「eビジネス」や「ネット・ビジネス」などとよばれ，質・量ともにますますその範囲を拡大しているのである．

　そして，そのもっとも顕著な現象としては，90年代後半からインターネットがビジネスの場面で積極的に活用されるようになって以来，急速にその広がりを見せている「Eコマース（EC：Electronic Commerce）」（電子商取引）の展開があげられよう．従来から，すでに企業間取引における受発注処理など一部の業務については，EDI（Electoronic Data Interchange）やCALS（Commerce At Light Speed）などの技術の利用によって電子化されていたが，一般消費者についてもインターネットの十分な使用環境が整備されるにしたがって，企業―消費者間の直接的な電子商取引も急速に成長してきている．一般に，こうしたEコマースは，その取引当事者のタイプにより，企業同士の取引（B2B：Business to Business），企業―消費者間の取引（B2C：Business to Consumer），消費者同士の取引（C2C：Customer to Customer），また電子政府化の進展に伴う企業―政府間のネット上での取引（B2G：Business to Government）などに分

図表４−２　Ｅコマースの諸類型

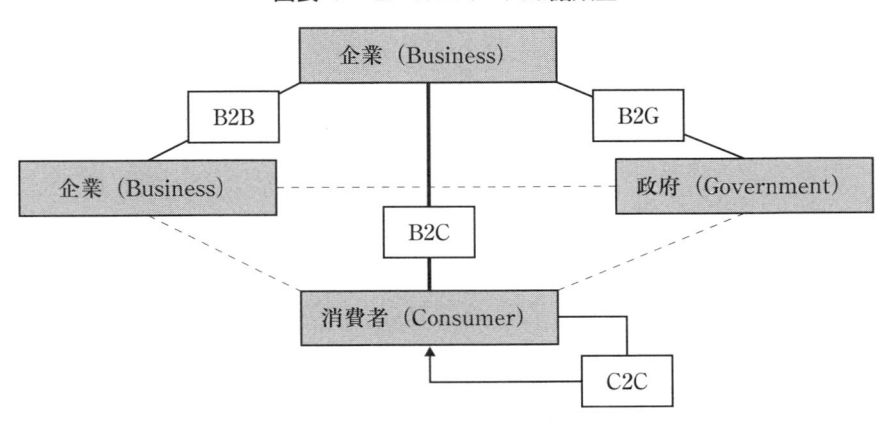

```
              企業（Business）
           ／       │       ＼
         B2B       │        B2G
        ／         │          ＼
  企業（Business）──┼──── 政府（Government）
        ＼         │          ／
              B2C
                   │
              消費者（Consumer）──── C2C
```

類される（図表４−２参照）．

　こうしたインターネットを介して行われる企業—消費者—政府といった各主体間での取引関係のネットワークは，総体として，一種の「サイバー市場」を形成しているといえよう．そして，こうしたサイバー市場のもつ最大の特徴は，インターネットを中心としたIT革命のもたらすコミュニケーション革命の恩恵，すなわち市場取引における「取引コスト」ないし「情報コスト」の大幅な低減のもとに成り立っていることにある．すなわち，インターネットを基盤とするサイバー市場においては，それ以前の状況に比べて，はるかに低コストで取引相手の探索や信頼性に関する情報の入手が可能となる．たとえば，企業はインターネットを介して，世界的な範囲で最適な経営資源の供給者，あるいは提携パートナーを探索することが可能となる．また，独自の技術や製品・サービスをもちながら，その資金的な制約によりローカルなビジネスに甘んじざるをえなかった中小企業が，サイバー市場を介してグローバルなレベルで顧客を獲得し，その活動領域を大きく広げるといった例もでてきている．さらには，「eマーケット・プレイス」や「ネットオークション」といった取引当事者間をネットワーク上で結合させる'場'を提供する「プラットフォーム・ビジネス」も登場しており，ITを最大限活用した新たなビジネスの形態として注目

を浴びるようになってきている．こうしたEビジネス，とくにEコマースの広がりは，企業にとって，取引に関する受発注処理の簡略化や効率化といった目的を越えて，ビジネス・チャンスの創出と拡大にも大きく寄与する可能性をもっているのである．

(2) 企業の情報化

インターネットを中心としたIT革命は，サイバー市場における取引関係の効率化やビジネス・チャンスを拡大するばかりでなく，企業内の業務システムのあり方や組織化の原理そのものにも大きな変化をもたらしている．

まず，消費者のニーズが多様化し，需要が移ろいやすい現代的な経営環境の下では，企業にとって，市場のニーズを俊敏にとらえ，分析し，そして的確な対応を行うために，ITを最大限活用することは必要不可欠な手段であり能力となっている．すでに経理，生産，在庫・物流管理，販売管理など多くの業務システムがつぎつぎとIT化され，リアルタイムでの業務状況の把握が可能となっており，コスト削減を中心とした業務効率の改善や対顧客サービスの充実など多方面にわたる企業競争力の向上に貢献している．そして，こうした企業活動において生み出される多様な情報は，インターネット技術を用いた企業内ネットワークを意味する「イントラネット」とよばれるローカル・エリア・ネットワーク（LAN）を通じて，全社的に共有される仕組みが整備されてきている．また近年では，特定の外部主体との関係において相互の「イントラネット」を一部開放し，インターネットを介した社外からのアクセスを可能とする「エクストラネット」の構築・運用が行われるようになってきており，企業間レベルでの情報共有やEコマースを展開するための重要な基盤として機能するようになっているのである．

そして，こうした企業における情報ネットワーク化の進展は，典型的には組織の全体構造をフラット（低階層）化する方向に作用するといわれている．すなわち，情報ネットワークの充実によって，組織内の情報は従来のピラミッド

型構造の階層を一つひとつ経由することは必要なく，可能性としては経営トップ層と現場（ロワー）層がダイレクトにつながって情報のやりとりを行うことも可能となっている．ゆえに組織のミドル層に期待された上位職と現場層の単純な情報仲介といった従来の役割の価値は大幅に減じられ，むしろホワイトカラーの中間階層そのものが不要であるとする議論が成り立つのである．

　しかし，企業組織におけるIT化は階層をよりフラットなものとするタテの情報流の効率化ということ以上に，機能別に分化した部門やチームの壁を越えた多様な組織メンバー間での情報交換による'組織横断的'な情報流とその結果として生み出される連携行動の創出にこそ，その大きな価値が存在するといわれている．すなわち，現在のIT技術は，従来の大型メイン・コンピュータによる情報の集中処理方式から，パソコンやワークステーションがネットワーク化されることによって連携する「分散処理方式」への移行を基本としている．そして，こうした分散的な情報処理の意義は，「より多くの視点から見ることによって，孤立していた情報に意味を見出し，関連した情報と結合させて新たな価値を生み出す」ことにある（片岡・野中・国領，2001：68）．ゆえに，企業がITの活用効果を最大限引き出すためには，人間組織の側も個々のメンバーが自律的に考え行動し，自発的にその知識や能力を発揮する「ナレッジ・ワーカー（知識労働者）」として存在し，また必要に応じて柔軟に連携して英知の結集を行いうるような組織づくりが必要となるのである．そうした意味で，組織の情報ネットワーク化は，一般に従来型のヒエラルキー（多階層）構造から

図表4－3　ネットワーク型組織の諸特性

次元／組織類型	ヒエラルキー型	ネットワーク型
組織の中心	ひとつの中心	脱中心，あるいは多中心的
メンバーの行動特性	制限的，中央からの指令	自律的，自発的連帯
メンバー間の関係	垂直的，支配―従属関係	水平的，対等関係
環境適合	同質的，高い安定性	異質的，高い不確実性
経済性	規模，効率	スピード，多様性，創造性

出所）寺本義也（1990：159）を参考に作成

「ネットワーク型」として概念化される組織構造への移行を促進するものであると考えられる．なお，ITと情報システムについてのより詳しい内容については，本シリーズ第13巻『情報・知識管理』を参照されたい．

(3) バーチャル・コーポレーション

　激しい変化と競争を特徴とする現代の経営環境は，その内部に多くの経営資源を保有した大企業，また過去に大きな成功をおさめた優良企業であったとしても，あらゆる製品・サービス分野，また活動業務において競争優位を発揮し，またそれを維持し続けることをますます困難にしている．そこで近年では，事業と業務範囲の「選択と集中」，すなわち企業がそのもっとも得意とする分野ないし自社の強み（コア・コンピタンス）を徹底的に強化し，経営資源を集中的に投下する一方で，相対的に弱い分野ないし業務領域については，当該業務に関して優れた能力をもった他企業に積極的にアウトソーシング（外部委託）するという企業行動が多くみられるようになってきている．

　そして，こうした自社の強みへの特化と弱みの他社への依存という企業行動がさらに発展すると，研究開発，生産，販売，物流，情報システムなどの広範囲の業務について，各分野を得意とする複数の企業がパートナー関係を結び，それぞれの資源（能力）を互いに提供しあう（アウトソーシングしあう）ことによって，まるでひとつの企業体であるかのように活動するケースがしばしば発生するようになる．こうした互いの資源や能力をアウトソーシングしあう関係をベースとした企業間の連携を「バーチャル・コーポレーション（VC：Virtual Corporation）」あるいは「バーチャル・カンパニー」とよぶ．

　こうしたバーチャル・コーポレーションは，その名のとおり実体をもった企業体ではなく，複数の自律的な企業が，対等な立場でゆるやかに連結した企業活動の集合体に他ならない．ゆえに，バーチャル・コーポレーションの概念には，たとえば，わが国に特有の「企業系列」に代表されるような企業間取引の形態とは異なる含意が込められている．すなわち，それは安定・継続的な取引

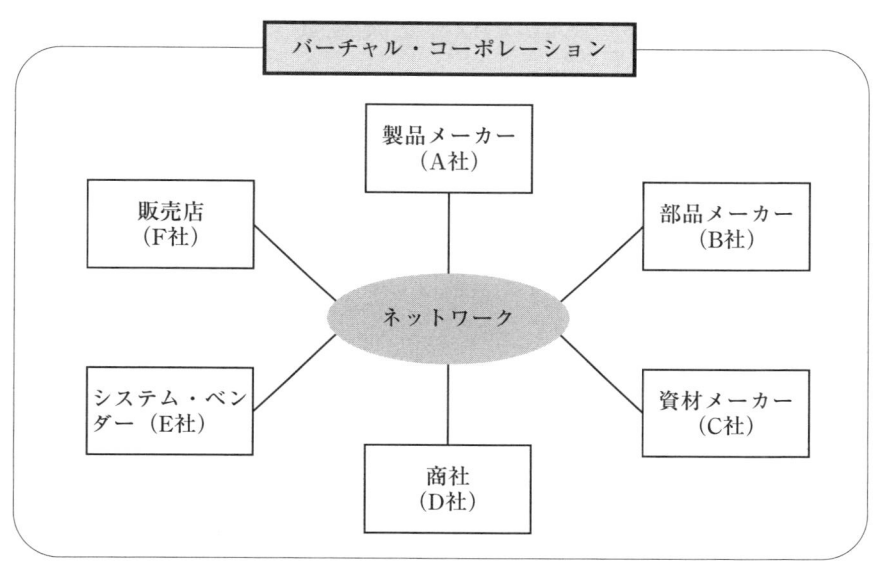

図表 4－4　バーチャル・コーポレーションのイメージ

```
┌─────────────────────────────────────────────┐
│         バーチャル・コーポレーション              │
│                                             │
│                製品メーカー                    │
│                 (A社)                       │
│                                             │
│   販売店                      部品メーカー      │
│   (F社)                        (B社)        │
│             ネットワーク                       │
│                                             │
│ システム・ベン                  資材メーカー    │
│ ダー (E社)                      (C社)        │
│                                             │
│                  商社                        │
│                 (D社)                       │
└─────────────────────────────────────────────┘
```

出所）内山力（2001：79）．

や固定的な関係を前提とするものではなく，むしろある特定の事業や製品・サービスの開発や提供のみを目的とした一時的な連携であり，また集合体レベルでは目的や状況の変化に応じて，常にその構成メンバーが入れ替わりうる，柔軟でオープンな関係を基礎としているのである（図表 4－4 参照）．

　そして，こうしたバーチャルな企業間連携を可能としたのは，まさに企業間をつなぐ情報インフラの整備，典型的にはエクストラネットの構築などによって，企業間での地理的，時間的，および機能的な差異といった壁が取り払われたことが大きい．そうした意味で，このバーチャル・コーポレーションは，まさにサイバースペース上に形成されるバーチャルな組織としての性格を強く保持するものであるといえる．また，それは変化する競争市場への俊敏な対応を前提として，最適な（個別）能力をもった複数企業がタイムリーに結集して創られる集合体という意味で，まさに自由で柔軟なネットワーク型組織の典型に他ならないのである．

3.　サイバースペースにおける企業課題

(1) バーチャルとリアルの結合

　インターネットを基盤としたサイバースペースはすべての企業組織に新たなビジネス・モデルや組織形態の創出など多くの可能性を提示するものである．しかし，一方でサイバースペース上での経営行動には，いまだ技術的・人間的な制約が残っており，それはリアルスペースから完全に独立して存在しうるものではありえない．

　たとえば，Eビジネスを代表するネット上のみで顧客との取引を行う「ドット・コム企業」が登場した際には，ネット・ビジネス対リアル・ビジネスという構図のもとに，従来のリアルスペースで活動する企業形態はすでに時代遅れであるとする見解が多くみられた．しかし，商品配送などの物流システムや最終的な信用性確保の問題など，リアルな企業活動に関して十分な基盤をもたないネット専業型企業の限界が徐々に明らかとなってきている現状では，むしろリアルスペースにしっかりした足場を築きながら，サイバースペースにおけるビジネスを行う，いわば両者のメリットを融合した形で競争優位の獲得を目指す「クリック＆モルタル」，あるいは「ブリック＆クリック」型のスタイルの有効性が認識されつつある．

　またサイバースペースの拡張は，いまだその職務領域や業務内容が一部に限定されているとはいえ，携帯電話やノートパソコンなどを活用した「モバイル・ワーク」，自宅や遠隔地での仕事の遂行を可能とする「テレワーク」，「SOHO (Small Office, Home Office)」などの真に物理的・空間的な意味で分散した勤務形態を可能としており，徐々にではあるがその採用ケースも増加している．しかし，ネット・ビジネスにおける互いの信頼性確保の問題も含めて，「顔のみえないコミュニケーション」はどれだけネットワーク上を流れる情報のリッチネスが向上しても，それは人びとの不安を絶えず喚起する原因となりうる．ゆえに，そうしたサイバースペース上のつながりの中にも，ある程度リ

アルスペースにおける直接の出会いや対話といった濃密なコミュニケーションの機会を設けることは，そうした不安を緩和するだけでなく，さらに互いのコンテクストを共有することによる仕事の円滑化という意味でも，いまだ有効な手段であるといえよう．

(2) IT ガバナンス

　近年，「IT ガバナンス」という概念が注目されるようになってきている．IT ガバナンスとは，IT を利用して組織目的や戦略を適切に実現できるように，IT 戦略の策定と実行プロセスを全社的なレベルで効率的・効果的に遂行するための仕組みや組織能力を意味する．

　そして，こうした IT ガバナンス体制の構築が求められているのは，IT 戦略のあり方が現代企業の存続ないし競争力を左右する全社的レベルの重要課題となっていることを示している．たとえば，高度な情報システムやネットワークの整備そのものが，ダイレクトに業務の効率化や組織内の活発な情報交流・知識創造をもたらすわけではない．むしろ，そこには企業組織の目的・戦略の遂行のために適合的な IT 技術の選択と採用，また逆に日々進化する IT のメリットを最大限活用しうるような組織体制の整備や人びとの絶え間ない学習や意識変革を遂行する努力が必要とされる．また，とくに「個人情報保護法」施行後も止まらない顧客情報の流出やネットワークへのウイルス，ハッカーの侵入といった情報セキュリティ問題への対処は，すでに企業活動，ないし企業組織そのものの存続を脅かしかねない重要性と緊急性をもつにいたっている．

　近年では，こうした複合的な課題への対処を前提として，CEO（最高経営責任者：Chief Executive Officer）や COO（最高執行責任者：Chief Operating Officer）といった経営トップ層の主要な役職に並んで，とくに「CIO（情報戦略担当役員：Chief Information Officer）」が設置されるようになってきており，わが国を含め世界的に普及し始めている．そして，こうした CIO には，情報システム部門のような特定ライン部門では解決できない，まさに全社レベルに

おける有効な情報戦略の策定と実行を主導する役割が期待されているのである.

演・習・問・題

問1　Eコマース（電子商取引）は，従来型のリアルな取引とどのように異なるのか，またその一般的なタイプ（分類）について説明しなさい．

問2　企業のIT化と情報ネットワーク化は，企業組織のあり方にどのような影響をもたらすか考えなさい．

問3　企業にとって，CIO（情報担当役員）の設置を含む，「ITガバナンス」が重要性を増しているのはなぜか，考えなさい．

参考文献

片岡雅憲・野中郁次郎・国領二郎（2003）『ネットワーク社会の知識経営』NTT出版

総務省（2005）「平成16年度　通信利用動向調査」

寺本義也（1990）『ネットワーク・パワー』NTT出版

内山力（2001）『ビジュアル　IT活用の実際』日経文庫

《推薦図書》

1. 涌田宏昭・涌田幸宏・旭貴朗・内藤勲・涌田智昭・寺島和夫（2001）『サイバーオーガニゼーション』中央経済社
   サイバースペース上に展開される組織・ビジネスの諸特性を解説．
2. 遠山曉・村田潔・岸眞理子（2003）『経営情報論』有斐閣アルマ
   情報技術と企業経営の関連トピックスを広く網羅する体系的教科書．
3. 片岡雅憲・野中郁次郎・国領二郎（2003）『ネットワーク社会の知識経営』NTT出版
   インターネットの普及がもたらす社会変容と新たな知識創造の方法論．
4. 甲賀憲二・林口英治・外村俊之（2002）『ITガバナンス』NTT出版
   ITを最大限活用する企業能力の要としての「ITガバナンス」を解説．
5. 尾高煌之助・都留康（2001）『デジタル化時代の組織革新』有斐閣
   日本の経営組織にIT（情報技術）が及ぼす影響を実証的に分析．

第5章の要約

　近年，NPO（民間非営利組織）に代表されるボランタリーな組織に対する関心が高まってきている．わが国でも，阪神・淡路大震災におけるボランティアの活躍を契機とした「特定非営利活動促進法（NPO法）」の制定以降，NPOの存在は社会的に広く認知され，急速に増加する傾向にあり，その活動形態ならびに活動領域もますます多様なものとなりつつある．そして，少子高齢社会の到来や経済のグローバル化といった不可避的な社会変化に対する従来型の政治，および市場機構による対応の限界が明らかとなりつつある中で，社会を支える'第3の担い手'としてのNPOに人びとが寄せる期待はますます高まっているといえよう．しかし，NPOがそうした期待に応えうる責任ある事業主体として，継続的なサービスの提供とその高度化を実現していくためにクリアすべき課題は多い．すなわち，高度な役割を期待される現代のNPOには，あくまでその原点としての社会的使命に対する情熱や思いを維持しながらも，そうした使命を具体的な組織的行動へと転化させ，また十分な成果を生み出すために必要な一定の組織マネジメントの能力が求められている．そして，とくにその内外に多様な利害関係者を抱え，また必要な人的および金銭的資源の多くを彼らの支援に依存せざるをえないNPOにとって，適切な事業評価の実施とアカウンタビリティ（説明責任）を果たすことはきわめて重要な責務となりつつある．

第 5 章　非営利組織

1. NPO とは何か

(1) NPO の概念

　NPO は，'Non-Profit Organization' の略であり，一般に「民間非営利組織」とよばれるものである．それは，「非営利」の意味において，いわゆる株式会社などの「営利企業」と区別され，また「民間」の意味において，一般的な行政サービスを担う「政府組織」と区別される．そして，より積極的には，そうした政府組織から完全に独立した立場から，独自の社会的使命（ミッション）に基づいた公益活動を行おうとする組織体を意味する概念である．

　NPO 概念の生成は，アメリカにおける公害問題や消費者運動の展開，さらに環境問題の深刻化といった諸問題に対する政治，および市場機構による対応の失敗を背景に，そうした限界を補完しうる新たな'社会の担い手'として「ボランティア活動」が注目されたことを発端としている．アメリカは，多くの国民が恒常的に何らかのボランティア活動にたずさわっているといわれる，いわば「ボランティア大国」であり，NPO 概念は本来的にアメリカの文化や制度を背景として形成されたものだといえよう．しかし，先進諸国が共通して抱える政府の財政支出の肥大化や経済のグローバル化が生み出す競争のひずみなど新たな社会問題が生起する中で，NPO 的な活動に対するニーズや期待はむしろ世界的に高まりつつある．わが国でも，阪神・淡路大震災におけるボランティアの活躍などを契機とした「特定非営利活動促進法（NPO 法）」（1998 年）の制定以降，NPO の存在は社会的に広く認知されるようになり，その設立認証数は，全国計（2005 年 6 月現在）で 2 万 2 千件を超える規模を有しており，今後もいっそう増加していくことが予想される．

　なお，NPO と似た概念として NGO がある．NGO は，'Non-Governmental Organization' の略で，一般に「非政府組織」とよばれる．それは，NPO と同様に原則「非営利」の公益活動を目的とする組織であり，わが国では，国境を

越えて活動するNPOを「NGO」とよび，国内で活動する非営利組織を「NPO」と称するか，あるいはNGOを含む広義の非営利組織概念としてNPOを用いることが多い．ただし基本的には，行政および営利企業とのどちらの違いを強調するかの違いでしかなく，国際的には，ほぼ同様の存在として認識されている．

(2) NPOの定義

　NPOは，すでにその存在と活動の意義については，世界的に広く認知された組織体であり，概念であるといいうる．しかし，その一義的な範囲や共通の資格・特性については，国際的に確定された正式な定義は存在しないのが実状である．ゆえに，ここでは，世界的にもっともポピュラーであると思われる，サラモン（Salamon, L. M.）を中心としたジョンズ・ホプキンス大学の非営利セクター国際比較プロジェクト（comparative non-profit sector project）による代表的な定義についてみておきたい．サラモンらはNPOの要件として，以下の5項目をあげている（Salamon, 邦訳, 1999：106-107）．

　① 非営利（non-profit）：事業活動の成果として生まれた利益を分配しないこと．活動成果としての利益は，原則として組織本来の「社会的使命」のために再投資される．

　② 非政府（non-governmental, private）：政府から独立した民間の組織であること．ただし，政府からの資金援助や役人の理事会への参加などを排除するものではない．

　③ フォーマル（formal）：組織としての実在を有していること．典型的には正式な「法人化」によるが，定期的会合，幹部職員の存在，手続きや規則などの組織の制度化によって代替されることもある．

　④ 自己統治（self-governing）：自己管理の能力を有していること．統治（ガバナンス）のための独自の体制を備え，外部組織によるコントロールを受けず，独立した組織運営がなされなければならない．

　⑤ 自発性（voluntary）：組織活動の遂行や業務の管理において，自発的な

参加が部分的であれ存在すること．必ずしも，すべてのインプット資源が自発的な寄付やボランティアによって充足される必要はない．

　以上の諸項目において，重要かつもっとも注意を要するのは，NPOの「非営利性」の意味であろう．一般に，この「非営利」という言葉は，「営利目的でない」あるいは「一切の営利活動を行わない」といったことをイメージさせる．たしかにNPOは，一定の「公共性」を保持するがゆえに，その目的や活動は本来的に営利的なものではなく，またその点こそが，いわゆる営利企業とNPOの重要な相違点となっている．しかし，一方でその目的が何であれ，一定規模の事業を組織的かつ継続的に行おうとするならば，相応の事業資金の確保は必要不可欠な条件となりうるのであり，この点で営利企業とNPOに何らかわりはない．とくに，そうした事業資金（労働への対価を含む）を寄付金やボランティアといった人びとの「善意」に多くを依存せざるをえないNPOにとって，組織的で継続的な事業活動を行うための運営資金の確保はきわめて重要な課題となる．そして，現実にNPOがそのサービスに対する一定の対価をサービス需要者から得ること（有償の活動），さらには財政基盤の強化のために，本来の活動や事業とは別に，利益の獲得を目的とした収益事業を行うことも正式に認められた行為なのである．

　ゆえに，NPOの「非営利」とは「収益事業を行わない」ことではなく，あくまで事業を通じて得た利益を組織内部で「分配しない」ことを意味している．たとえば，株式会社などの営利企業では，発生した利益の一部は会社の所有者である株主に配当という形で分配される．一方，NPOの場合には，たとえ剰余金が発生しても組織関係者で分配することはできず，使命実現に向けた次期の活動や事業にしか支出することができない．こうした意味でNPOは，あくまでその「社会的使命」の実現を目的とする組織であるといいうるのであり，営利そのものを目的としない，すなわち「非営利」的性格の組織であることが担保されているのである．

2. NPOの役割

(1) NPOの存在意義

　NPOは，環境問題の悪化，地方分権や少子高齢化への移行といった不可避的な社会変化が生み出す新たなニーズに対して，営利企業による対応が難しい分野をカバーしつつ，政府などの行政機関とともに公益サービスを提供する社会を支える「第3の担い手」として期待されている．すなわち，社会的に必要とされる財やサービスの中には，非排除性や非競合性といった公共財的な特性のために営利企業を中心とした市場の価格システムに任せておいたのでは，うまく供給できないものが存在する（市場の失敗）．通常，そうした公共的な財・サービスの供給については，政府等の行政組織が主要な担い手となることが想定されているが，しかし，わが国を含めた多くの先進諸国の公的セクターは，税金その他の歳入よりもさまざまな歳出のほうが多い支出超過の状態にあり，すべての社会的課題に対して十分な支出を確保することは難しい場合が多い．また，それが可能であったとしても，しばしば政府などの官僚機構の仕事は，サービスの平等性という価値を建て前とするがゆえの「画一性」，ならびにタテ割りの行政組織を反映した融通の利かない「硬直性」といった性格から，社会の多様なニーズや変化に対処しきれていないといわれている（政府の失敗）．

　そして，こうした政治—市場機構の失敗ないし限界にこそNPOの積極的な存在意義が生まれているといえよう．すなわちNPOは，その非営利的性格から厳格な営利原則や激しい競争から解放されているがゆえに，営利企業によっては難しい（すなわち'儲からない'）が，しかし必要な社会サービスを供給することができる．また，それは独立した「民間」の組織である立場から，画一的で柔軟性に欠ける傾向の強い官僚機構の仕事とは異なって，多種多様なニーズへの柔軟かつきめ細かな対応が可能となるのである．

　しかし，NPOの社会的な存在意義ないし役割は，その影響力の拡大に伴って，上記のような政治—市場機構の「補完」といった副次的なものから，むしろ，

より積極的な独自の役割が期待されるようになってきている．すなわち，たとえば，営利企業がその不確実性の高さや採算性の問題から容易に実行しがたいような先駆的な事業に対して果敢に挑戦する，あるいは政府に対して民間の自由な立場から政策提言を行って社会変革の促進を試みるような「社会的なイノベーション」を実現する存在としても注目されつつある．また，現代社会は巨大かつ複雑なシステムを形成しており，一市民としての個人が積極的にさまざまな問題に対する発言や活動を行うことによって何らかの影響を及ぼすことはますます困難な状態となり，そうした中で人びとはある種の無力感や孤独感を抱くことは多い．そして，このような現代社会において，NPOは，さまざまな関心や意欲をもった人びとにボランティア活動の場を提供する社会参加への重要な導き手としての機能が期待されているのである．

(2) NPOの諸タイプと活動分野

NPOが果たす社会的な機能は，その活動形態や活動領域ごとの類型化が可能であり，それは現在に至るまでの時代の変遷とともに実に多様なものとなってきている．たとえばNPO先進国といえるアメリカの場合を考えると，まずNPOの原点ともいいうるさまざまなチャリティーを行う「慈善型」の活動形態が主流であった時代から，60年代後半〜70年代における人権や反戦，また環境や消費生活の立場から政府や企業に対して直接的な行動をとる「監視・批判型」のNPO運動が広がり，さらに80〜90年代にかけては有料・有償の社会的な財・サービスの提供や情報提供・政策提言などを社会的な事業として展開する「事業型」のNPOが登場している．とくに，こうした現代的な「事業型」のNPOの中には，営利企業と同じレベルのサービスを提供し，また対等な立場で企業と競争ないしコラボレーション（共同行為・事業）を行うものが登場してきている．すなわち，市民のボランティア精神によって自発的に組織され，アマチュアリズムを基本として運営されていた伝統的なスタイルとは異なり，社会的な意味での「企業家精神」や高度な専門知識を背景としたプロ

図表５－１　NPOの３類型

	〈慈善型〉NPO	〈監視・批判型〉NPO	〈事業型〉NPO
時期	伝統的	主に60年代後半〜70年代以降	主に80年代〜90年代以降
活動内容	慈善活動	企業，政府活動の監視・批判，要求	社会的サービス提供，調査・情報提供
組織運営	アマチュアリズム・ボランティア（→プロのスタッフによる運営も）	アマチュアリズム・ボランティア／プロのスタッフによる運営	プロのスタッフによる運営
主たる資金源	寄付	寄付	事業収益
企業・政府との関係	独立（コラボレーションも）	独立	独立／コラボレーション

出所）谷本寛治・田尾雅夫編（2002：17）

図表５－２　特定非営利活動の活動分野

```
1. 保健・医療又は福祉の増進
2. 社会教育の推進
3. まちづくりの推進                   〈2003年5月より追加された活動分野〉
4. 学術，文化，芸術又はスポーツの振興  12. 情報化社会の発展
5. 環境の保全                         13. 科学技術の振興
6. 災害救援活動                       14. 経済活動の活性化
7. 地域安全活動                       15. 職業能力の開発又は雇用機会の拡充を支援
8. 人権の擁護又は平和の推進           16. 消費者の保護
9. 国際協力の活動
10. 男女共同参画社会の形成の促進      17. 前各号に掲げる活動を行う団体の運営
11. 子どもの健全育成                      又は活動に関する連絡，助言又は支援
```

フェッショナリズム，そして十分に整備された組織体制をもかね備えた新たな非営利組織のスタイルを体現するようになってきている（谷本・田尾編，2002：16-19）．

また，わが国のNPO法では，NPO法人の活動分野として，図表５－２に示すとおり17分野が設定されている．これら諸分野のうち，現状（2005年度）では，「介護保険制度」の施行に伴い，訪問介護サービスが増加したことによって，とくに「保健・医療又は福祉の増進を図る活動」を目的としてあげるNPO法人の割合が全体の６割近くを占め，非常に高い割合を示しており，そ

れに続いて「社会教育の推進」「まちづくりの推進」および「子どもの健全育成」などの各分野も比較的多くの割合を占めている．また，2003年5月の法改正により，「情報化社会の発展」「科学技術の振興」「経済活動の活性化」「職業能力開発・雇用機会の拡充」「消費者保護」の5つの活動分野が新たに追加されている．これらは，まさにわが国の経済・社会状況を反映する形で設けられた分野であり，今後増加していくことが予想される．

3. NPOの組織とマネジメント

(1) NPOの組織

　NPOは，いわゆる「ボランタリズム」の精神を起源ないし中核とする「ボランタリー組織」である．「ボランタリズム」とは，自発性（強制されない），無償性（利潤を目的としない），利他性（自己犠牲）といった要素からなる，ボランティア活動一般を支える理念である．しかし，現代のNPOは，任意団体としての，いわゆるボランティア・グループの単なる延長戦上にあるものとはいえない．なぜなら，その存在意義として，ボランティア・グループにおけるサービスのもつさまざまな限界を超えた社会的な事業サービスを組織的かつ継続的に遂行することが期待されているからである．

　ゆえに，上記の意味での社会的事業を遂行するための組織的実体とマネジメント機構を整備することが必要となる．わが国の現行法においては，その設立にあたって，年1回以上の開催を義務づけられた法人としての最高意思決定機関である「社員総会」（構成員としての社員10人以上）および（法人）組織を公式に代表する「理事会」（役員として理事3人以上），さらに「監事」（1人以上）の設置が義務づけられている．そして，これらの「機関」が，意思決定における責任主体であり，その活動の社会的な正当性や妥当性をチェックする「内部ガバナンス（統治）機構」を形成する．また，その組織的かつ継続的な事業の推進のためには，恒常的に発生する組織事務をこなし，組織メンバー間の調整をはかる存在が必要となるため，有償のスタッフを含めた「事務局」の

図表 5 − 3　NPO の組織イメージ

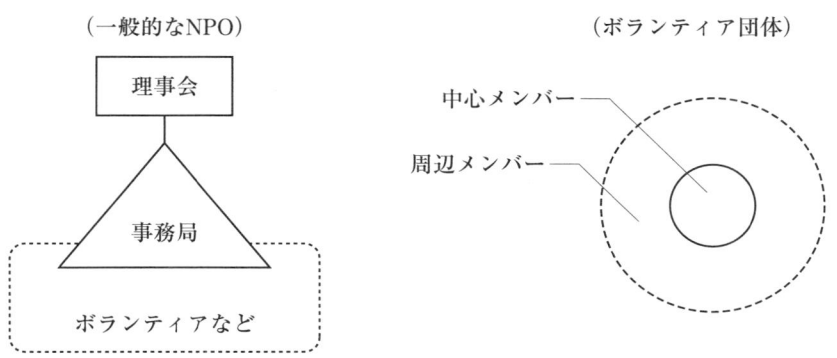

（一般的な NPO）　　　　　　　　　　　（ボランティア団体）

中心メンバー
周辺メンバー

出所）川口清史・田尾雅夫・新川達郎編（2005：117）の一部に加筆修正

設置が認められている．そして，こうした正式な理事会や事務局の設置といった組織体制の整備は，いわゆる自発的なネットワークとしての「ボランティア・グループ」と事業組織としての「NPO」を分けるひとつの重要な分水嶺であるといえよう．

(2)「社会的使命」の重要性

　現代の NPO は，以上のような意思決定・ガバナンス機構を備えた存在であり，形式的には，たとえば株式会社のような企業組織と類似した組織体制をもつようにみえる．しかし，NPO の組織は，それに関わる内外のステークホルダー（利害関係者）の多様性と彼らへの依存度の高さという点で，企業組織とは大きく異なっており，またその管理が組織運営におけるもっとも重要なマネジメント上の課題であるといえる．

　まず，その基本は「ボランタリズム」の理念にあり，その活動は多くの自発的なボランティアによって支えられている．しかし，そうしたボランティアについては，メンバー個々の考え方や熱意，そしてスキルや時間的制約などにかなりの個人差やバラツキがあることが考えられる．また，NPO には有給スタッフの採用が認められているが，実態として関わる人びとの多くは無報酬である

ことを前提とするボランティアであり,結果としてそこには有償／無償の人びとが混在することになる.さらに,そうした有償／無償の区別は必ずしも仕事の内容や役職によって決定されるわけではなく,個々人の考え方や志を反映している面も大きいといわれている.

　また,NPOは,その組織維持・運営のために多様な外部の利害関係者に配慮しなければならない.たとえば,企業組織にも多様な関係者が存在するが,一般に価値実現の要となる顧客を別とすれば,事業資金の提供者(株主)が圧倒的に重要な存在であるといえる.しかし,NPOでは,そのトップ・マネジメントを構成する理事ですら,多くの場合,無償で仕事に携わるボランティアであり,株主のような決定的影響力をもった主体は存在しないのである.むしろ,多くの場合,その活動(資金)を個人や企業,政府その他の団体からの寄付や助成・支援やパートナーシップに依存しているのであり,彼らからの賛同ないし協力を継続的に得られるよう,こうした多様な利害関係者に対する適切な配慮が求められるのである.

　そして,こうした内外の多様な利害関係者を結びつけ事業活動を推進する,いわばNPOにとっての組織化の要は,まさにその社会的な存在意義を示す,その「社会的使命(ミッション)」である.すなわち,有給スタッフ,無償のボランティアに関わらずそれに参加する人びと,また外部のさまざまな支援団体も,あくまでその「社会的使命」に共鳴し,賛同していることが基本である.ゆえに,NPOのトップは,適切な社会的使命の設定とその有効なアピールによって組織メンバーのモチベーションや一体感を高め,また外部の利害関係者に対しては,十分な信頼が得られるよう組織の正当性を訴えながら,必要な経営資源を確保できるよう努力しなければならないのである.

(3) NPOの課題

　一般に,NPOの組織原理を語る場合には,いわゆる営利企業のそれと対比されることが多い.すなわち,企業組織における効率性,指揮命令関係による

組織的秩序に対する社会的使命の達成度という意味での有効性，および自発的な協力関係からなるネットワークという位置づけである．しかし，そうした社会的使命の実現を目指すボランタリーな組織であるからといって，非効率な組織運営や経営資源の管理をしていては，一般の企業組織同様，組織を存続させ，また成長させていくことは難しいだろう．また，責任ある事業主体として，継続的なサービスの提供とその高度化を実現していくためには，たとえば，その活動領域に関する十分な専門性をもった有給スタッフが不可欠であり，そうした人びとを雇うだけの事業収入を継続的に確保していかねばならない．すなわち，社会の重要な担い手，そして変革者としての高度な役割を期待される現代の NPO には，あくまでその原点としての社会的使命に対する情熱や思いを維持しながらも，そうした使命を具体的な組織的行動へと転化させるビジョンや戦略計画の策定，適切な人員配置・育成，さらに顧客満足向上のためのマーケティングや自らの社会的な認知度を高めるための広報活動などに関わる一定の組織マネジメントの能力が求められているのである．そして，こうしたマネジメント能力の向上ないし育成に関しては，企業組織に関してこれまで蓄積されてきたさまざまな理論やノウハウが適用可能であり，むしろ積極的に取り入れられていくべきであろう．

　しかし，一方で NPO は一般の企業組織とは本来的に異なる存在であり，それ独自の課題を抱える存在でもある．たとえば，組織マネジメントにおいて，活動成果の測定とそれに基づくコントロールはきわめて重要な役割を果たすものであるが，一般に非営利機関においては，その活動の成果や結果の客観的な測定自体が難しいという問題がある．たとえば営利企業には，その財務的成果をあらわす決算書があり，そこに示された損益状況によって，ある程度，当該組織の効率性および有効性を評価することが可能である．しかし，本来的に利益の獲得そのものを目的としない非営利機関については，そうした損益は組織成果を測定するための有効な規準とはなりえない．また，その有効性については果たすべき社会的使命への思い入れの強さが，逆にその客観的な評価を妨げ

る圧力となる場合がある．しかし，とくに資金面において多くの外部的な利害関係者への配慮が不可欠なNPOにとって，適切な事業評価の実施とアカウンタビリティ（説明責任）を果たすことはきわめて重要な責務となりつつある．こうした事業評価の問題については，たとえば，集められた資金の額や人材の質・量による資源インプット面の測定や，アンケート等による顧客満足度の調査など，すでにいくつかのアイデアが提起されているが，そうした手法を多角的に組み合わせ利用しながら，事業活動の有効性を適宜評価する努力をしていくことが必要であろう．

演・習・問・題

問1　NPOの一般的な定義（要件）と期待される役割について述べなさい．
問2　NPOに特有の組織マネジメント上の課題について考えなさい．
問3　あなたの身近にどのようなNPOが存在し，またどのような活動を行っているか調べてみよう．（ヒント）内閣府NPO公式ホームページ（http://www.npo-homepage.go.jp）にて，各都道府県別の認証NPO法人に関する概要（名称，所在地，活動主旨など）が一覧できる．

参考文献

Salamon, L. M. (1997) *Holding the Center : America's Nonprofit Sector at a Crossroads*, The Nathan Cummings Foundation.（山内直人訳・解説『NPO最前線』岩波書店，1999年）

川口清史・田尾雅夫・新川達郎編（2005）『よくわかるNPO・ボランティア』ミネルヴァ書房

谷本寛治・田尾雅夫編（2002）『NPOと事業』ミネルヴァ書房

《推薦図書》

1. Drucker, P. F. (1990) *Managing the Nonprofit Organization*, HarperColins Publishers.（上田惇生・田代正美訳『非営利組織の経営』ダイヤモンド社，1999年）

すでに古典ともいえる非営利組織マネジメントに関する代表的著作.
2. 川口清史・田尾雅夫・新川達郎編（2005）『よくわかるNPO・ボランティア』ミネルヴァ書房
   実務家を含む多くの著者によって編まれたNPOの体系的入門書.
3. Salamon, L. M. and H. K. Anheier（1994）*The Emerging Sector*, The Johns Hopkins University.（今田忠監訳『台頭する非営利セクター』ダイヤモンド社，1996年）
   実証データに基づく世界12ヵ国の非営利セクターの比較分析.
4. 田尾雅夫・川野祐二編（2004）『ボランティア・NPOの組織論』学陽書房
   経営学，とくに組織論の立場から非営利組織の経営にアプローチ.
5. 山内直人（1999）『NPO入門〈第2版〉』日経文庫
   NPOの全体像が体系的かつ多角的に理解できるコンパクトな入門書.

第Ⅱ部
組織構造のデザイン

- 第Ⅳ部　組織変革と学習組織
- 第Ⅰ部　経営組織
- 第Ⅲ部　組織ハブとしてのコーポレート本社

経営組織
オーガニゼーション

第Ⅱ部
組織構造のデザイン
- 第6章　組織デザイン
- 第7章　単純系（一次元）の経営組織
- 第8章　複雑系の経営組織

第6章の要約

　組織デザインとは，組織の構成要素を組み合わせ，全体として組織を組み立てていくことである．組織デザインの目的は，分業と協働をいかに調整していくか，ということである．組織デザインの基本要素としては，① 分業関係，② 権限関係，③ 部門化，④ コミュニケーションと協議の関係，⑤ ルール化の5つをあげることができる．また，組織デザインを実際に行う際には，① 規模（サイズ），② 技術，③ 外部環境といった要因による影響も考慮しておく必要がある．組織デザインの実践形態としては，① ライン組織と ② ライン・アンド・スタッフ組織の2つが基本形となる．ライン組織とは，権限（命令）の系統が最上位から最下位まで1本の直線（ライン）で結ばれているものであり，全ての組織の基本形といえる．ライン組織の特徴は，「命令一元化の原則」が徹底されており，ひとつの指揮命令系統で権限関係が明確に規定されていることにある．一方，ライン・アンド・スタッフ組織とは，ライン組織とスタッフ部門とを組み合わせて構成された組織である．ライン・アンド・スタッフ組織は，「命令一元化の原則」を重視するライン組織と専門能力による複雑性への対応力に優れたスタッフとを同時に配置し，両者のメリットを最大限に発揮させようとした点に特徴がある．それぞれメリット，デメリットを有しており，唯一絶対の組織デザインは存在しないのである．

第6章　組織デザイン

1. 組織デザインの基本要素

　本節では，組織構造を実際につくっていく（デザイン）ために必要な，基本的な要素，およびデザインの方法をとりあげることにする．組織デザインとは，組織の構成要素を組み合わせ，全体として組織を組み立てていくことである．また，組織デザインの目的は，分業と協働をいかに調整していくか，ということである．では，どのような点を考慮しつつ組織構造をデザインしていけばよいのだろうか．まずは，組織構造をデザインしていく上で考慮しなければならない要素について，説明していくことにしよう．

　組織デザインの基本要素としては，① 分業関係，② 権限関係，③ 部門化，④ コミュニケーションと協議の関係，⑤ ルール化の5つがあげられる（伊丹・加護野，2003）．以下，5つの要素を個別にみていくことにする．

(1) 分業関係

　分業関係を決めるということは，組織における仕事の分担をいかに行うか，つまり役割（職務）をいかに決めるかという問題である．自動車メーカーにおけるさまざまな仕事を考えてみよう．自動車をつくるには，材料・部品の調達からはじまり，どのような車を設計するか，また，いかに効率よく組み立て・生産していくか，といった仕事がある．さらに，完成した車をどのように販売していくか，という仕事もあるだろう．こういった仕事と並んで，社内の人材を育成する仕事，あるいは財務的な管理を行う経理の仕事もある．

　これら全ての仕事をひとりの人間がカバーすることは不可能である．そこで，仕事をいくつかの工程にわけ，それぞれが専門的にひとつの部分を担当する，分業ということが行われる．このような分業によって，他人と協働して仕事を進めることができるようになるのである．分業のメリットは，個々の仕事を単純化し，専門化された仕事を担当させることで，専門的な能力を構築できると

いうことである．

しかし，分業だけでは不十分であって，分業された仕事を組織の目的を達成するために調整しなければならない．このような分業の調整ということがなされなければ，組織内での個々人の仕事や行動はバラバラになってしまい，組織はカオス状況に陥ってしまうからである．分業を調整するための枠組みが本章で扱っている「組織構造」になるのである．

これら分業の長所と短所から，分業の程度と個々の職務を決めていくことが組織をデザインする上で必要な第1の課題である．

(2) 権限関係

分業関係が組織のヨコの関係であるならば，権限関係はタテの分業関係ともいえる．組織デザインの要素として，権限関係を決めるということは，上司と部下の間の役割の分業ということである．具体的には，上司と部下の間の権限をいかに分割し，上司から部下への権限委譲をどのように行っていくか，という問題である．

組織の中にさまざまな仕事があるように，意思決定は多岐にわたっている．たとえば，新工場設立のための設備投資の決定，海外の新市場開拓のための戦略的決定，原材料購入価格の決定などである．これら日々の業務の中で行われる意思決定全てにトップ・マネジメントが関与することは難しい．このため，部下への権限の委譲が行われる必要がある．そのような権限の委譲のあり方，つまり，意思決定の責任の分担のあり方を決定することが権限関係の重要な課題となる．

権限関係のあり方，権限委譲の特性として，もっとも基本的なものは，集権と分権の問題である．集権は，意思決定権限をできるだけ組織階層の上位方向に集中するものである．一方，分権とは，意思決定権限を下位方向に分散させるものである．集権と分権は，どちらがよりよいというものではなく，両者のバランスをいかにとっていくか，ということが問題になるのである．

つまり，集権的な組織は，権限が上位に集中しているため，意思決定者は広範な範囲から情報を集め，大局的な判断を下すことができる．また，そのような判断を受けて，組織は目標の貫徹と一体となった実行力を発揮することもできる．さらに，結果に対する責任の所在も明確になるといった利点も存在している．

一方，権限委譲がなされ下位レベルへの分権化が進んでいる場合には，環境変化の激しい中でいちいち上位へ決済を仰ぐ必要はなく，迅速な判断をすることができる．また，権限委譲されることで，下位レベルのやる気や挑戦意欲を喚起することもできる．さらに，意思決定の機会が増えることで，将来の管理者やリーダーを育成する機会を提供することもできる，といった利点もある．

(3) 部門化

分業関係と権限関係はそれぞれヨコ，タテの分業関係ということで，全体として分業のあり方を決めるものとして集約できる．先に示したように，組織をデザインしていく上で，分業だけでは不十分であり，分業は調整されねばならない．部門化とは，分業の調整のため，人びとをグループにまとめ，グループ全体を束ねる人をつくり，誰と誰，どの仕事とどの仕事をひとつの部門とするか，を決定するという課題である．

部門化の第1の問題は，グループの規模をどの程度にするか，というものである．言い換えると，組織の階層をどの程度にするか，を決める問題である．ひとりの管理者が何人の部下を管理できるか，を表した指標を「統制の範囲 (span of control)」とよぶが，この範囲を狭めると，階層が多くタテに長い組織構造となる．逆に，統制の範囲を広くすると，フラットな組織構造になる．

部門化の第2の問題は，何を基準にしてグループをまとめるか，という決定である．これらの基準としては，① 職能（仕事の機能）を単位とする方法，② 製品や顧客を単位とする方法，③ 地域を単位とする方法が代表的なものとなる．なお，これらの基準でつくられた組織構造の例については，本書第7章

で詳細に説明することになる．

(4) コミュニケーションと協議の関係

　分業を調整する4番目の要素は，コミュニケーションと協議の関係である．これは，分業している人びとの中で，誰と誰がどのような状況で連絡をとり，協議を行うか，ということを決める問題である．

　部門化によって分けられた，異なるグループ間のコミュニケーションと調整を行うことは難しい．たとえば，ある部署の現場レベルの社員が他の部署との調整が必要なことに気づいた場合を考えてみよう．社員同士が，インフォーマルに他の部署のメンバーと連絡を取り合ったりすることはあるかもしれないが，階層的なコミュニケーションの経路を厳格に守ると，一旦，自己の部門長に情報を上げ，そこから他の部署の部門長へ連絡が行き，そこで調整や協議が行われた後，現場レベルでの調整と協議というヨコの連携がなされることになる．

　このようにコミュニケーションの経路で時間がかかり過ぎると，伝達される情報の内容にゆがみを生じたり，管理者の情報伝達の負荷も多大なものとなってしまう．このような事態を回避するには，あらかじめタテのコミュニケーション経路を補完するヨコの横断的な経路を設定しておくことが必要になる．具体的には，各グループ内に横断的なコミュニケーションや協議を担当する連絡係を配置したり，各グループの代表が構成員となる会議や委員会を設置したり，さらに横断的な調整を担当する管理者を任命するといった方法が考えられる．

(5) ルール化

　組織デザインを行うための5番目の要素はルール化である．標準化あるいはプログラム化といってもよいだろう．これは，何か問題が発生したときに，あらかじめ対応方法，人びとがとるべき行動などをルールという形で決めておくという問題である．ある条件，状態のもとでは，このように行動する，決定す

るということをルールや手続きの形であらかじめ決めておけば，いちいち協議する必要はなくなる．また，管理者がいなくとも仕事の調整を行うこともできるようになる．

　日常頻繁に起こりうるような問題については，このような行動のルール化（プログラム化）を行い，想定外の事態が発生した場合のみ，管理者による協議や調整が行われるようにしておけば，管理者にとって調整の負担は軽減されることになる．これは「例外による管理の原則」といわれるものである．つまり，ルール化されていない事態が発生したときだけ，上司の決済を仰げばよいということである．

　ルール化は，具体的には，規則，社内規定，あるいは職務分掌規定のような形でマニュアル化，文書化されている場合が多い．文書化のメリットとして，新たに配置されたメンバーに，組織内でとるべき行動を簡単に伝達することができるという点がある．しかし，ルール化された規則があまりに厳格に適用された場合，規則を守ること自体が目的化してしまい，本来の目的が忘れさられてしまったり，時間の経過とともに，規則が複雑なものになってしまう危険性も指摘される．

2. 組織デザインに影響を与える要因

　では，前節のような諸原理に基づいて，実際に組織をデザインしていく際に，どのような要因が影響してくるのだろうか．本節では，上記のような組織デザインの基本要素に影響を与える主な要因として，① 組織の規模（サイズ），② 技術，③ 外部環境の3つをとりあげる．

(1) 組織の規模（サイズ）

　組織の規模はメンバーの数によって表される．組織メンバーの数が増えると，仕事の分業が一層進み，それに応じて部門の数も増えていくことになり，組織構造は非常に複雑なものとなっていく．階層や部門が多くなれば，それだけコ

ミュニケーションや協議の効率は下がることが予想される．したがって，上下・左右のコミュニケーション経路を確保するような組織デザインにおける工夫が必要になる．

また，権限関係についても，大規模化することで上位の管理者に対する権限が強くなる．権限の上位への集中といった事態は避けられないものとなる．権限が上位に集中することで，強力なリーダーシップを発揮することができるようになる反面，環境変化が激しく，不連続であるような場合，全ての意思決定を上位だけで行うことは不可能になる．その際には，権限を下位に委譲し，現場に近いレベルでの対応が行えるような部門の再編成も必要となる．

また，組織が大規模化するにつれ，ルール化により行動をプログラム化する必要も出てくる．たとえば，町工場のような規模であれば，社長と社員あるいは社員同士のつながりは深く，誰が何をどのように行うか，といったことは暗黙のうちに調整できることも多いだろう．しかし，大規模な組織では，あらかじめ公式化を図っておかないと，調整ばかりに手間取り，肝心の本業に費やす時間が少なくなってしまうことにもなりかねない．

(2) 技　術

ここでいう「技術」とは，インプットをアウトプットに変換するプロセスにおいて使われる手段，道具，知識・ノウハウの全体を表したものである．技術がどのように組織デザインを行う際に影響を及ぼすかについては，技術の組織構造への影響を扱ったウッドワード(Woodward, J., 邦訳，1970)の研究が参考になる．

ウッドワードの研究では，異なる生産システム（技術）は異なる組織構造を要求することが明らかにされている．まず，個別受注生産のシステムをとる企業には，現場の熟練の影響力が大きいものとなる．この場合，部門や階層は少なくなるため，調整の問題も比較的少なく，組織構造の複雑性は低くなる．また，顧客との密接なやりとりなど，現場での対応が重要になるため，一定の決まったルールなどはあまり意味がなく，その都度の迅速な対応が求められる．

そのため，公式性の度合いも低くなる．

　一方，大量生産には，ルーティーンワーク，現場の非熟練作業者が定常的に業務をこなせるように，仕事の標準化が行われる．有名なチャップリンの『モダンタイムス』では，流れ作業の中で穴を開ける人はひたすら穴を開け，ネジをとりつける人はひたすらネジをとりつけるといったように，仕事は高度に分業化され，標準化が行われている様子が鮮明に描き出されている．仕事や手続きが標準化，ルール化される度合いが高く，公式性は高いものとなる．部門や階層の数は増大し，構造の複雑性も増加する傾向にある．また，経営トップなど階層上位の人間への権限の集中が認められるようにもなる．

　第3番目の技術としてとりあげられたのは，石油化学プラントなどの装置生産である．装置生産においては，機械の自動化が進んでいるため，大量生産のような大量の非熟練作業者は必要ではなく，機械の保守，点検，サービスに携わる間接要員のニーズが高まるとされる．労働に対する拘束はゆるく，管理や監督の必要性は低くなる．組織構造の複雑性もそれほど高くないといえる．さらに，ルールや手続きは精緻化されるものの，その多くが機械や装置の中に取り込まれるので，公式性は低くなる．公式な決定権限よりも，機械や装置を操作する知識・ノウハウが重要になるため，決定権限は組織内に分散しており，集権性は低いものとなっている．

(3) 外部環境

　規模および技術はともに，組織内部の要因であるが，一方，組織の外部要因である環境の特性も組織デザインに影響を及ぼすものとなる．ダンカン(Duncan, R. B., 1972)によると，組織を取り巻く環境特性（不確実性）は，環境の複雑性と環境変化の動態性という2つの次元によって把握することができるという（図表6−1）．環境の複雑性とは，環境が単純か複雑かという切り口でとらえるものである．組織を取り巻く環境が多くの構成要素から成り立っている場合，当該企業にとっての環境は複雑なものであり，反対に構成要素が少

ない場合，環境は単純なものと判断される．たとえば，対象とする顧客の数が多い企業にとって環境の複雑性は高いが，顧客の数が少ない場合，複雑性は低いものとなる．

一方，環境変化の動態性とは，組織を取り巻く環境が静的であるか動的であるかという視点である．環境を構成する要素が一定期間安定しているか，その変化が予測可能なものか否かということを示すものである．安定した環境とは，構成要素が変化せず，変化しても一定の規則性をもっている環境である．不安定な環境とは，不規則な変化が頻繁に起こり予測不可能な面が多い環境である．

このような環境特性は，それぞれ組織デザインにどのような影響を与えるのだろうか．

まず，環境の複雑性が高まると，多様な環境に適応するために，部署や仕事を増やす必要が出てくるため，組織構造も一層複雑なものとなる．また，この

図表6－1　環境の不確実性を評価するフレームワーク

	単純	複雑
静的（安定）	セル1： 不確実性：低い (1) 環境における要因や要素の数は少ない (2) 要因や要素はほぼ同質 (3) 要因や要素は基本的に同じままで変化していない	セル2： 不確実性：やや低い (1) 環境における要因や要素の数は多い (2) 要因や要素は互いに同質ではない (3) 要因や要素は基本的に同じまま
動的（安定）	セル3： 不確実性：やや高い (1) 環境における要因や要素の数は少ない (2) 要因や要素はほぼ同質 (3) 要因や要素は変化の継続したプロセスの中にある	セル4： 不確実性：高い (1) 環境における要因や要素の数は多い (2) 要因や要素は互いに同質ではない (3) 要因や要素は変化の継続したプロセスの中にある

出所）Duncan, R. B.（1972：320）Table 2より抜粋

ような場合，個々の異質な環境に対する現場での対応が求められるため，集権性は低いものとなり，現場レベルへの権限の委譲が重要になる．

つぎに，環境変化が動態的で不安定なもとでは，あらかじめ行動をプログラム化したり，規則をルール化しておいても意味がない．つまり，公式性の水準は低くならざるをえない．事前に決められた精緻なルールや手続きがあっても，環境変化が激しく，不規則な場合，それらは機能せず，臨機応変に対応できる組織が求められるからである．また，そのような不安定な環境のもとでは，現場での変化に迅速かつ正確に対応するため，権限を下位階層に分散させることも必要になる．つまり，環境が安定している際には，集権性が高くなるが，環境が不安定なときには，集権性は低いものとなるのである．

3. 組織デザインの実践

本節では，前節でとりあげた組織デザインに必要な要素を組み合わせ，実際にどのような組織がつくられるのか，という点をみていくことにする．ここでとりあげるのは，もっとも基本的な組織形態であるライン組織と一般的な企業でもっとも多くみられるライン・アンド・スタッフ組織である．

(1) ライン組織

ライン組織は，組織構造の中でもっとも単純な基本的形態である．具体的には，図表6−2のように，権限（命令）の系統が最上位から最下位まで1本の

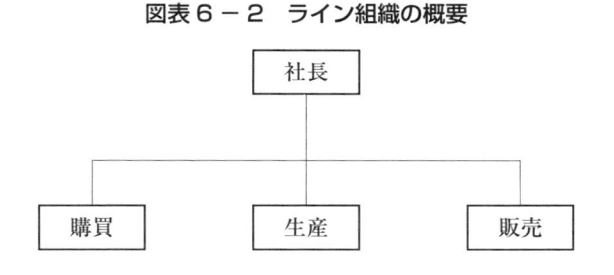

図表6−2 ライン組織の概要

```
        社長
         │
    ┌────┼────┐
   購買  生産  販売
```

直線（ライン）で結ばれている．このため，直系組織ともいわれる．図表6-2は簡単なライン組織の例であり，トップ・マネジメントのもとに，購買，生産，販売の3つの部署が配置されている．

ライン組織の特徴は，「命令一元化の原則」が徹底されており，ひとつの指揮命令系統で権限関係が明確に規定されていることにある．このため，決められた手続きの遂行が重視される軍隊，警察，消防，その他官僚組織などに適したものである．また，企業でみると，比較的小規模の企業に適しており，製品やターゲットとする市場が単一である場合に採用されることが多くなっている．

ライン組織の長所としては，第1に，構造が単純で複雑な管理システムも必要としないため，指示が通りやすく，業務の正確かつ迅速な処理ができること．第2に，トップ・マネジメントに権限が集中するため，戦略的な意思決定を迅速かつ柔軟に行えること，などがあげられる．

逆に，短所としては，第1に，権限関係が上位者に集中しているため，とくにトップ・マネジメントに過大な負担がかかってしまうことがあげられる．こうなると，日常的な業務の処理に忙殺され，長期的な視点からの戦略的構想をたてることができないことになってしまう．つまり，トップ主導の戦略的な意思決定が十分に行えなくなる危険性があるということである．第2に，ライン組織では，統制の範囲に基づいて単純に部門化がなされるため，階層がタテに長くなり，その結果として意思の疎通が悪化することである．第3に，組織内で他の部署や職場と連携がとりにくくなる点である．ライン組織では，命令系統が一元化されているため，他の命令系統にある担当者と連携する際には，自分が属する命令系統にそって上に上げ，いったん社長まで上げてさらに別の系統に下ろしていくという迂回したルートをたどらねばならないからである．第4に，組織運営が明確なルールに基づくよりも，権限関係が上位にある者の恣意で行われることが多くなりがちな点である．最後に，権限委譲がなされないため，管理者やリーダーとしての能力開発ができず，後継者の育成がなされにくいことである．

(2) ライン・アンド・スタッフ組織

　ライン・アンド・スタッフ組織とは，ライン組織とスタッフ部門とを組み合わせて構成された組織である．ライン部門とは，組織の存在意義となる基幹的な活動を行う部門である．たとえば，製造業ならば，購買，生産，販売などを担当する部門のことである．一方，スタッフ部門とは，ラインの担当する業務を支援したり，専門的な立場から助言を行ったりする部門である．たとえば，人事部，経理部，総務部，広報部，企画室，秘書室といった部署が含まれる．図表6－3は簡単なライン・アンド・スタッフ組織の形態を表したものである．この図では，購買，生産，販売がライン部門であり，人事，経理，企画がスタッフ部門ということになる．

　ライン・アンド・スタッフ組織は，「命令一元化の原則」を重視するライン組織と専門能力による複雑性への対応力に優れたスタッフとを同時に配置し，両者のメリットを最大限に発揮させようとした点に特徴がある．両者を組み合わせる際には，ライン組織とスタッフ部門との間で，命令系統が重複する恐れがある．これを回避し，権限や責任関係を明確にするため，①ライン部門の命令系統は一元化されており，スタッフ部門はライン部門への命令権限をもたないこと（ライン権限の優先），②スタッフ部門は，トップ・マネジメントへ

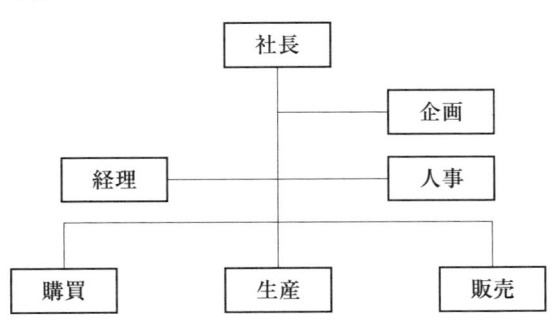

図表6－3　ライン・アンド・スタッフ組織の概要

の助言を通じて，間接的に組織全体への影響力を行使すること（スタッフの間接的命令機能），というルールが存在している．

ライン・アンド・スタッフ組織は，もともとプロシアの軍隊で成立したものである．フランスの天才軍事家であるナポレオンに対抗するため，プロシア軍の参謀総長であったモルトケ（大モルトケ）は，ライン組織に，「幕僚制」というスタッフ機能を取り込み，作戦立案を行わせ，ラインの補佐，支援に当たらせたのである．

では，このようなライン・アンド・スタッフ組織にはどのような長所があるのだろうか．第1に，命令系統を1本化するライン組織の長所を維持しながら，専門性も活かすことができる点である．第2に，多様な人材を同時に育成することができるということである．ライン部門では，総合的な管理者の養成が可能であり，スタッフ部門では高い専門性を身につけた人材（専門家）の育成が行われるからである．このような長所をもつことから，一般的な企業組織では広く普及した組織形態となっている．

逆に，短所としては，第1に，現実にはライン部門とスタッフ部門との命令系統の交差や混乱が生じ，責任と権限が不明確になりがちな点があげられる．このため，スタッフ部門がライン部門への介入や干渉を行うことがしばしばみられる．このような中で，両部門の間に感情的な対立が起こる可能性も指摘される．第2に，組織の規模が拡大するにつれ，スタッフ部門が肥大化し，それが企業にとっての間接費を増大させることになるという点である．

本章では組織構造をデザイン（組織デザイン）していくために，考慮しなければならない要因と，それらを使って実際に組織構造をデザインしていく際の基本形について考察した．

最後に若干の注意を喚起しておきたい．それは，組織構造は確かに分業を調整するための枠組みを提供するものであるが，あくまで器であり，その中で生身の人間がいかに分業を効率的に行うことができるか，という点までは保証されないということである．

演・習・問・題

問1　組織構造を規定する要因をあげ，それぞれについて説明しなさい．
問2　組織構造をデザインしていく際に考慮すべき点について述べなさい．
問3　組織デザインの基本形といわれるものをあげ，それぞれの長所と短所を述べなさい．

参考文献

Duncan, R.B. (1972) "Characteristics of Organizational Environments and Perceived Environmental Uncertainty," *Administrative Science Quarterly* 17 (3), pp. 313-327.

Woodward, J. (1965) *Industrial Organization*, Oxford University Press.（矢島鈞次・中村壽雄訳『新しい企業組織：原点回帰の経営学』日本能率協会, 1970年）

伊丹敬之・加護野忠男（2003）『ゼミナール経営学入門　第3版』日本経済新聞社

《推薦図書》

1. 桑田耕太郎・田尾雅夫（1998）『組織論』有斐閣アルマ
   組織デザインの問題だけでなく，ミクロ組織論，マクロ組織論を幅広く扱う．

2. Galbraith, J. R. (2002) *Designing Organization : An Executive Guide to Strategy, Structure, and Process*, New and Revised ed., Jhon Wiley & Sons, Inc.（梅津祐良訳『組織設計のマネジメント：競争優位の組織づくり』生産性出版，2002年）
   顧客重視，eコーディネーション，ヴァーチャル組織といった組織デザインの最新トピックス．

3. Mintzberg, H. (1989) *Mintzberg on Manegement : Inside our Strange World of Organizations*, Free Press.（北野利信訳『人間感覚のマネジメント：行き過ぎた合理主義への抗議』ダイヤモンド社，1991年）
   コンフィギュレーション（布置）の概念を用いて組織構造を論ずる大変ユニークな書籍．

第7章の要約

　単純系の経営組織には，① 機能別組織，② 事業部制組織，③ 地域別組織の3形態が存在する．機能別組織とは，組織の規模が拡大するとともに，専門的な機能ごとに組織を部門化し，分業が効率よく行えるようにしたものである．機能別組織のメリットとして，① 専門的知識の蓄積，② 資源の共有による費用の節約があげられる．一方，① 環境変化への適応の遅れ，② トップへの負担の増大，③ 部門間コンフリクトの発生といったデメリットも指摘される．事業部制組織とは，多角化した事業を製品，地域，顧客別に事業部として半自立させた組織形態である．事業部制組織には，① 迅速な対応と高い機動力，② 市場原理導入による効率性達成，③ トップレベルの人材の育成といったメリットがある．反面，セクショナリズムの発生に伴うデメリットも存在する．地域別組織とは，事業部制組織のバリエーションのひとつであり，地域を単位として，複数の機能をもった事業部を構成するものである．地域別組織には，意思決定権限が担当の地域別組織に委譲されるため，自主的な判断が可能になるというメリットがある．デメリットとしては，① 地域別に製品開発を行うため，地域間での製品開発の重複が発生すること，② 研究開発の調整が困難になる点が指摘できる．基本的な組織形態には，それぞれメリットとデメリットが存在している．バーンズとストーカーは，機械的組織と有機的組織という概念を提示し，唯一絶対の組織形態はなく，環境が比較的安定している場合には機械的組織が，環境変化が激しい場合には有機的組織が有効であることを示している．

第7章 単純系（一次元）の経営組織

1. 機能別組織

(1) 機能別組織とは何か

　機能別組織とはどのような背景で成立してきたのだろうか．また，具体的にどのような構造になっているのだろうか．機能別組織の「機能」とは，生産，営業といった専門的な機能・役割を指している．つまり，機能別組織とは，組織の規模が拡大するとともに，専門的な機能ごとに組織を部門化し，分業が効率よく行えるようにしたものである．基本的な構造は図表7－1のようなものとなっている．社長を階層のトップに，生産部門，営業部門，技術部門といった専門機能によって部門化された組織となっていることがわかる．機能別組織は，作っている製品，ターゲットにする市場が単一で，規模の経済を獲得する必要があり，経営トップが強力なリーダーシップを発揮できるような組織で有効に機能するものといえる．

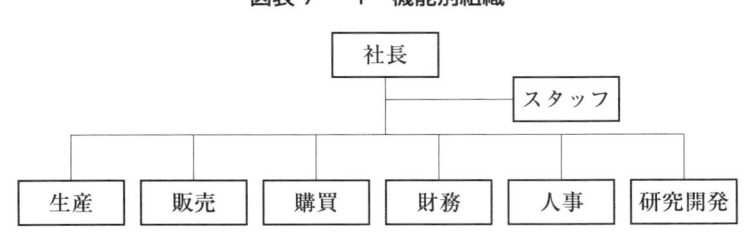

図表7－1　機能別組織

```
                    社長
                     │────スタッフ
     ┌───────┬───────┬───────┼───────┬───────┬───────┐
    生産    販売    購買    財務    人事   研究開発
```

(2) 機能別組織のメリット

　では，機能別組織にはどのようなメリットがあるのだろうか．一言でまとめると，専門化による利益を得ることができるということになる．細かくみると，第1に，専門的知識の蓄積，第2に，資源の共有による費用節約という2点からまとめることができる．

① 専門的知識の蓄積

　機能別組織は専門的な機能ごとに部門化されたものであり，生産は生産機能，販売は販売機能といったように，専門的機能によって活動が分業されている．このため，個々の部門では専門的な知識を蓄積することが可能になるということである．さらに，その過程で，生産の専門家，販売の専門家というような特定の機能に精通した専門家を育成することも可能になる．

② 資源の共有による費用の節約

　また，各部門が個々の専門的機能に特化することで，機能部門ごとに「規模の経済性」を得ることもできることになる．たとえば，生産部門が一括して生産を担当することで，余計な重複や無駄を省くことができるということである．同じ製品を生産部門だけでなく，販売部門でも独自に生産していたとしたら，同じ機械も重複して必要になり，それだけ無駄が多くなることになる．

　また，経営資源の共有が広く行われることで，コスト削減に結びつけることも可能になるのである．たとえば，先ほどの生産の例では，生産部門に機能を集中し，機械も1ヵ所にまとめることで，追加的に機械を購入する必要がなくなること，使用する部品なども共通化できることなどによってコスト削減が達成される．これは，人事，経理，総務といった管理費などのコスト削減にもつながってくる．たとえば，生産部門に人事や経理といった間接部門が付属している場合の重複や無駄を考えてみれば理解できる．

(3) 機能別組織のデメリット

　一方，機能別組織にはいくつかのデメリットも存在する．ここでは，①環境変化への適応が遅れる，②トップへの負担が大きくなる，③部門間のコンフリクトが発生する，という3点からまとめてみたい．

① 環境変化への適応が遅れる

　機能別組織は，部門間の調整が困難になると，環境変化に迅速に対応できなくなるという弱点をもっている．専門化した各部署には，それぞれ固有の機能

に関する情報が入ってくる．何らかの意思決定を下すには，個々の部門がもった情報の統合，共有を行う必要がある．それには部門間の調整が不可欠である．しかし，環境変化のスピードが速い場合，部門間の調整に手間取ると経営トップの意思決定は遅れ，迅速な対応ができなくなるのである．

② トップへの負担が大きくなる

機能別組織において部門間の調整を行うのは，構造上，経営トップだけである．部門間の調整が困難になるにしたがい，経営トップの仕事量は膨大なものとなることが予想される．つまり，経営トップが日常的な活動の管理や調整といったことに多くの時間をとられ，戦略策定などに関与する時間が制限されてしまうという問題が発生してしまう．また，経営トップが後継者を育成するといった時間も限られてしまうことになる．

③ 部門間のコンフリクトが発生する

3つ目のデメリットは，部門間のコンフリクトが発生する点である．機能部門はそれぞれが独立した専門集団であるため，自らの部門の利害を第一に考えるようになり，異なった部門との間で利害が交錯するといったことが起こりやすくなってしまう．このような状況では，自らの機能にとって重要な情報を囲い込んでしまい，他の機能部門に流さなくなるようなことが起こりうるのである．このような部門間のコンフリクト，対立が発生した場合，どのようなことが起こるのだろうか．

企業が戦略上，多様な製品分野に進出していくと，製品ごとに異なった技術や販売の知識・ノウハウを必要とすることになる．したがって，これらをひとつの機能部門で全てカバーすることは難しくなるといった問題が発生するのである．また，企業の本質的活動であるイノベーションは，組織の中で異なった部門の人びとが相互交流し，発想の異なったアイデアを交配することで発生するため，部門間のコンフリクトが起こってしまうと，イノベーションの創造が阻害されてしまうことになる．

2. 事業部制組織

(1) 事業部制組織とは何か

　事業部制組織とは，どのような歴史的な展開を経て誕生したものなのだろうか．技術革新や経済発展に伴って，企業が多様な製品，複数の事業に進出するようになると，製造技術，販売地域，顧客層などが異なる事業を同時に管理することが必要になる．このような状況で，各機能部門の調整や管理を行うことは大変難しい．そこで，多角化した事業を製品，地域，顧客別といったように分け，それぞれが自主的に日常の管理を行った方がより効率的であると考えられるようになった．このような考え方を背景に登場したのが，事業部制組織といわれるものである．この組織形態としては，T型フォード1車種のフォードに対し，大衆車のシボレーから高級車のキャデラックまで，主要な車種別に組織したGMの事業部制組織などが有名である．また，チャンドラー（Chandler, A. D.）は経営史の視点から，GMを含むアメリカの大企業で事業部制組織が成立する課程を検証している．

　事業部制組織は，製品，地域，顧客別に事業部として半自立した組織をつくる点に特徴がある．図表7-2は簡単な事業部制組織の例となっている．この例では，事業部がA，B，Cの3つであり，各事業部内に，生産，販売，研究開発の3部門がそれぞれ含まれている．また，社長と本社スタッフは，事業部レベルを超えた全社的な問題に対応することになる．

　ここで，各事業部はひとつの事業体として，運営における幅広い権限を与えられ，独立採算的に管理責任を負う「プロフィット・センター（利益責任単位）」として位置づけられる．

(2) 事業部制組織のメリット

　では，事業部制組織の長所はどのような点にあるのだろうか．ここでは，① 自立性，独立性の高さによる迅速な対応，機動力，② 市場原理導入による

図表 7-2　事業部制組織

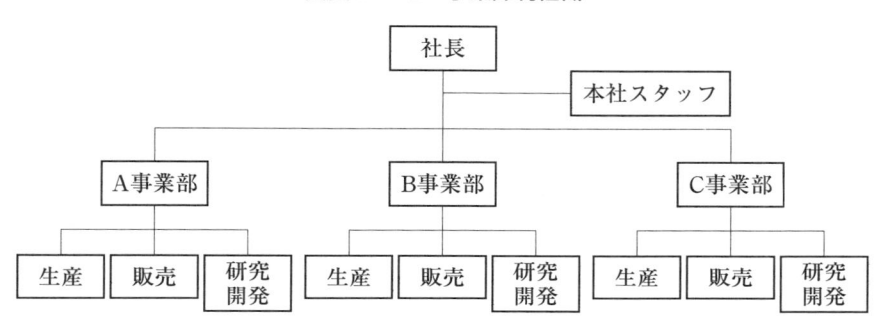

```
              社長
               ├──────────本社スタッフ
       ┌───────┼───────┐
    A事業部    B事業部    C事業部
   ┌─┼─┐   ┌─┼─┐   ┌─┼─┐
  生産 販売 研究  生産 販売 研究  生産 販売 研究
           開発           開発           開発
```

効率性達成,③人材育成という3つの視点から考えていくことにする.

① 自立性,独立性の高さによる迅速な対応,機動力

まず,事業部に大幅な権限と責任が付与されるため,自立的,機動的かつ迅速な展開が可能になるということである.環境変化が激しい場合,機能別の調整をいちいちトップ・レベルにまで上げて行わずとも,現場に近いレベルで迅速に判断することができるということである.また,このような現場レベルでの対応が多くなることで,経営トップは日常の管理から開放され,戦略的な決定に専念できるようになる.

② 市場原理導入による効率性達成

各事業部が独立採算であるため,振替価格(transfer price)の導入により市場原理を組織内に導入することができ,その結果として効率性を向上させることができるということである.市場の価格を振替価格の基準に使うことで,当該事業部の製品はあたかも市場での競争にさらされるのと同じことになる.当該事業部の製品コストが市場価格よりも高い場合,生産コスト削減への圧力が働くことになり,それが一層の効率化に結びつく契機となるということである.また関連する点として,各事業部の目標が独立採算であるため,明確に示されることで,業績評価が容易になるということも指摘できる.

③ 人材育成

事業部長にはある程度の経営が任され，そこで総合的な意思決定を行うことになる．これによって，将来のトップあるいは経営陣の後継者を養成できるということである．事業部がトップ・レベルの人材を育成する場となるのである．

(3) 事業部制組織のデメリット

反対に，事業部制組織にはどのような弱点があるのだろうか．最大の問題はセクショナリズムが発生することによる弊害である．事業部制組織では，事業部ごとの独立性が高いため，互いに過度の競争意識をもつと，セクショナリズムが発生してしまう．官僚化の弊害といってもよい．このようなセクショナリズムにとらわれると，第1に，自らの事業部の短期的な利益だけをみて，長期的視点から全社的な利益を考えなくなってしまう．第2に，事業部間のコミュニケーションが阻害され，相互に連携をとることができなくなるといった問題が出てくるのである．

このような事業部制組織の弱点は，新製品開発や新規事業開拓を阻害する要因となってしまう．つまり，事業部の自立意識があまりにも強くなると，自らの独自性を過度に主張するようになる．各々の事業部が独自の能力を身につけると，当該事業部で育ってきた社員は，それら能力を自らの属する事業部だけの財産と考えてしまう傾向が強くなる．その結果，それら能力を他の事業部と共有したり，補完したりすることができなくなってしまう．いわゆる資源や能力の囲い込みといった状態に陥ってしまうのである．

新製品開発や新規事業開拓には，複数の資源，技術，能力の組み合わせが必要である．ところが，ある事業部が資源や技術を囲い込んでしまうと，別の事業部との間で相乗効果を生むような組み合わせは期待できない．人びとの能力が囲い込まれてしまうと，能力を活かす機会が減少し，能力が衰退してしまう恐れもある．これではいくら能力を有していても，熱意や活気は失われ，新たな挑戦に向けた努力などは期待できないことになってしまう．

3. 地域別組織

(1) 地域別組織とは何か

 つぎに,山下・高井(1993)の記述を参考に地域別組織といわれる形態についてみていくことにしよう.地域別組織は事業部制組織のバリエーションのひとつであり,地域を単位として,複数の機能をもった事業部を構成するものである.図表7-3は簡単な地域別組織の事例である.社長のもとにアメリカ,欧州,アジア・太平洋の3つの地域統括部門が存在し,それぞれがさらに個別の地域を傘下におさめている.そして,本社スタッフが各地域の機能を調整することになるのである.

 このような組織構造を採用する背景には,自国市場とグローバル市場を同一のものと見なすという考え方がある.各地域担当の責任者は,自らが担当する地域における事業展開に責任をもつのは当然であるが,その地域での事業方針や戦略は,全社的なものと適合していなくてはならない.地域戦略と本社戦略とが乖離してしまうと,各地域が本社と別にバラバラな行動をとってしまい,全体としての統一が失われてしまうからである.このような問題を回避するため,地域の責任者を全社的な戦略策定プロセスに参画させることも必要になる.また,その前提として両者の間で理念の共有を図っておくことも重要である.基本的に上記のような,各地域間の調整は本社スタッフが行うことになるのである.

(2) 地域別組織のメリット

 地域別組織の最大のメリットは,意思決定権限が担当の地域別組織に委譲され,地域に密着した自主的な判断が可能になることである.このような権限委譲により,製品開発,生産,販売・マーケティングなどの意思決定を,ターゲットとする市場の近くで行うことができるようになる.つまり,地域や国の特性あるいはニーズに根ざした戦略の立案が可能になるのである.たとえば,

図表7-3 地域部組織

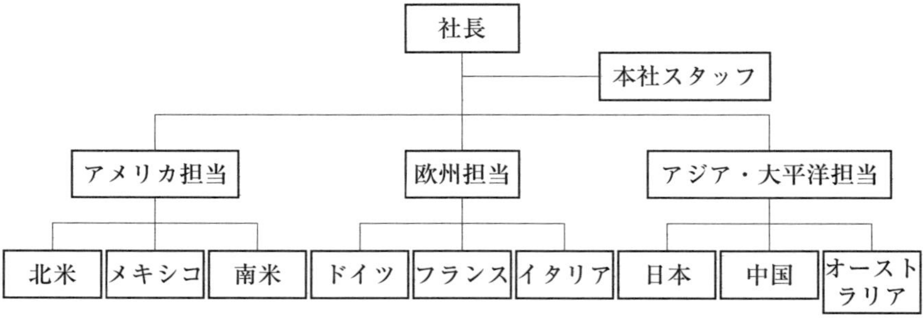

```
                        社長
                         │────本社スタッフ
          ┌──────────────┼──────────────┐
      アメリカ担当      欧州担当      アジア・大平洋担当
      ┌───┼───┐     ┌───┼───┐     ┌───┼───┐
     北米 メキシコ 南米  ドイツ フランス イタリア 日本 中国 オーストラリア
```

シャンプーを東南アジアで販売する際には，熱帯性気候を考慮し，日本で使用するものとは異なった成分の製品を用意する必要があるだろう．また，宗教的に使用が禁止されている食材などについての情報も迅速に獲得できるだろう．このように考えると，地域別組織は，食料品，化粧品，医薬品，飲料などのように製品ラインの幅が狭く，地域市場の差別化の度合いが高い産業について，もっとも適合する形態といえる．

(3) 地域別組織のデメリット

反対に，地域別組織のデメリットとしては，まず，地域別に製品開発を行うため，地域間での製品開発の重複が発生することがあげられる．また，地域別スタッフと本社スタッフの間で責任が重複する可能性も指摘できる．この結果，コミュニケーションの階層も増加し，余分なコスト増を招くことになってしまう．

第2に，研究開発の調整が困難になる点である．地域別組織が勝手に研究開発に着手して，互いに調整ができない場合，グローバルな製品開発の立案は非常に困難になってしまう．この結果，本国の新製品をグローバル市場で販売したり，逆に海外子会社で開発された製品を本国に導入することも遅れてしまう．これは，本国と地域間での知識・ノウハウの移転が困難になり，イノベーショ

ンの創造がなされなくなる危険性も表している．さらに，各地域で学習された知識・ノウハウを，グローバル・ネットワークの中で活用しにくくなるといった欠陥もはらんでいる．

4. 機械的組織と有機的組織

これまで検討してきたように，基本的な組織構造には，いずれもメリット，デメリットが存在していた．いったい，どのような組織構造をとることが最適なのだろうか．バーンズとストーカー（Burns, T. and G. M. Stalker, 1961）は，どのような組織構造が最適かという問題には，唯一最善の解はなく，企業を取り巻く環境変化の特質によって決まってくるという「コンティンジェント」な見方を提示している．彼らは，イギリスにおけるエレクトロニクス企業20社の工場の職場組織の事例研究から，組織構造には2種類の形態があることを発見した（図表7－4）．以下，個別にその内容について説明していくことにする．

(1) 機械的組織の特徴

機械的組織とは，物事が一定の規則やルールによって処理される組織であり，インプットに対し，一定のパターンで機械的に処理を行っていくシステムである．機械的組織の特徴として，まず仕事の専門，分化の度合いが高く，標準化されたものとなる点があげられる．各機能は役割に応じて責任，権限，方法が明確に規定される．さらに，仕事の目標も組織全体の目標よりも，専門分化された個々の効率性が重視される．上司と部下の関係をみると，階層ごとの仕事の調整は上司によってなされる傾向が強い．統制，権限，コミュニケーションはピラミッド型のヒエラルキー構造となり，階層のトップがコミュニケーションの統制を行うことになる．そこでは，上司と部下のタテの相互作用が強調され，部下の行動は上司の指示や命令，意思決定に支配されることになるのである．個人は，組織メンバーの一員として組織や上司に対する忠誠が求められる．広い（コスモポリタン的）知識，技能，経験よりも狭い（ローカル的）知識，

図表7-4 機械的組織と有機的組織の特徴

機械的組織	特性	有機的組織
高い．多くの明確な分化	専門化	低い．境界は不明確．相互に異なる職務は少ない
高い．方法は詳細に規定	標準化	低い．個人が自己の方法を決定
手段	成員の志向	目的
上司による	コンフリクト解消	相互作用
暗黙の契約関係に基づくピラミッド型	権限，コントロール，コミュニケーションのパターン	共通のコミットメントに基づくネットワーク型
組織のトップ	支配的な権限の所在	知識と能力のあるところ
垂直的	相互作用	水平的
指示・命令	コミュニケーションの内容	助言・情報提供
組織に対して	忠誠	プロジェクトと集団に対して
組織の地位から	権威	個人的貢献から

出所）Burns, T. and G. M. Stalker（1961：119-122）および野中郁次郎（1980：35）より作成

技能，経験に高い価値が置かれるのである．具体的には，官僚制組織をイメージすればよいだろう．

(2) 有機的組織の特徴

一方，有機的組織とは，物事の解決方法などを探索しながら柔軟に対応する組織である．有機的組織の特性として，仕事の専門化，分化の度合いは低く，個々の仕事は組織全体の目標から決められること．仕事に対する責任は狭く規定されるのではなく，共有される傾向が強くなるといった点があげられる．つまり，何か問題が発生した場合，他人の責任に転嫁することがないということである．そして，仕事に関する調整は，他の組織メンバーとの相互作用の中で絶えず行われることになる．上司と部下の関係をみると，まず統制，権限，コミュニケーションはネットワーク構造となっており，それらはトップに集中されるよりも，ネットワークの中の専門的知識が存在するところに位置するのである．組織内では，上司—部下というタテの関係よりも，ヨコの相互作用が強

調されることになる．上司とのコミュニケーションの内容も指示，命令よりも情報提供，助言が中心となっている．

(3) 環境変化と組織構造の適合

機械的組織と有機的組織では，どちらがより好ましい組織構造といえるだろうか．実は，単純にどちらの組織がより好ましいということはいえないという点に注意が必要である．あくまでも外部環境の特性によって有効な組織構造が変わってくるということである．つまり，外部環境が比較的安定しているような状況では，機械的組織が有効であり，逆に，外部環境が不安定で不確実性の高いような場合には，有機的組織が有効になるということである．現在，企業を取り巻く環境は不連続で急激なものとなっている．このような環境変化の中で，不測の事態に臨機応変に対応するためには，細かいルールと規則に縛られた機械的組織では難しくなる．

このようにしてバーンズとストーカーによって発見，提示された，環境の特性と組織構造の適合といった視点は，組織論の一大潮流である「コンティンジェンシー理論」を生み出していくきっかけになったのである．

演・習・問・題

問1　機能別組織の概要，長所，短所について述べなさい．
問2　新製品開発や新規事業開拓の際に事業部制組織に発生する弊害について述べなさい．
問3　環境変化が不連続で急激なときに有効となる組織の特性について述べなさい．

参考文献

Burns, T. and G. M. Stalker (1961) *The Management of Innovation*, Oxford University Press.
野中郁次郎 (1980)『経営管理』日経文庫
山下達哉・高井透 (1993)『現代グローバル経営要論』同友館

《推薦図書》

1. Chandler, Alfred D. (1990) *Strategy and Structure*, MIT Press. (有賀裕子訳『組織は戦略に従う』ダイヤモンド社，2004年)

    事業部制組織の成立の経緯と必然性についての古典的名著.

2. Daft, R.L. (2001) *Essentials of Organization Theory & Design*, 2nd Edition, South-Western College Publishing. (高木晴夫訳『組織の経営学』ダイヤモンド社，2002年)

    組織構造の構成要素や組織デザインについても触れられている米国の基本的なテキストである.

3. 山下達哉・高井透 (1993)『現代グローバル経営要論』同友館

    グローバル経営組織と戦略，両者の相互作用の視点が盛り込まれたテキストである.

第8章の要約

　機能別組織や事業別組織を意味する1次元型組織が進化したモデルとして，マトリクス組織を中心とした2次元型組織の組織設計について説明する．1. の「マトリクス組織とは何か」では，マトリクスの定義や歴史について触れる．2. の「マトリクス組織の構造」では，マトリクス組織の組織設計について触れながら，その特徴について言及する．3. の「グローバル・マトリクス組織」では，多国籍企業の組織設計の進化として，段階（ステージ）モデルについて詳しく説明する．4. の「フロントエンド／バックエンド組織」では，2次元型組織として，マトリクス組織に代わる新しい組織デザインともいえるフロントエンド／バックエンド組織の内容について説明する．

第8章　複雑系の経営組織

1. マトリクス組織とは何か

　マトリクス（matrix）の語源は"子宮，母胎"を意味するラテン語に由来する．その意味は，発生・成長・生成の基盤，母体，基質といった概念を表わす．マトリクスという概念は，今日，幅広い分野で使われている．たとえば，数学の行列やミトコンドリアの細胞構造，さらに仮想現実の世界を描いた映画『マトリクス』は，われわれにもおなじみである．一方，経営戦略論でも，マトリクスという概念を用いた分析フレームは存在する．たとえば，大手コンサルティング・ファームであるボストン・コンサルティング・グループ（BCG）が開発したプロダクト・ポートフォリオ・マネジメント（マトリクス）やアンソフによる市場＝製品を軸とした多角化分析（成長ベクトル）などは，マトリクスの考え方を利用し導入した分析手法である．

　マトリクス組織（matrix organization）という言葉が初めて登場したのは，1950年代のアメリカの航空宇宙産業ともいわれている．当時の航空宇宙産業の技術者たちは，プロジェクトを進めるため格子状の組織を採用したのがその起源とされている．デービスとローレンス（Davis, S. M. and P. R. Lawrence, 1977）によると，マトリクス組織は，軍隊，教会，専制君主のような伝統的な「ワンマン・ワンボスの原則あるいは一元的命令系統のピラミッド組織」ではなく，たとえば，家族や政府のような「ツーボスあるいは多元的命令系統」である．したがって，多元的命令系統を組み入れた組織であれば，制度，風土，人間の行動様式を含めて，すべてマトリクス組織であると指摘する．

　マトリクス組織の採用は多岐にわたっている．航空宇宙，化学，エレクトロニクス，重工業設備，工業製品，薬品などの「製造業」，銀行，証券，建設，保険，小売といった「サービス業」のみならず，会計事務所，広告代理店，コンサルティング，法律事務所のような「専門組織」，さらに政府機関，病院，国家，大学といった「非営利組織」でも広範に活用されている（Davis and

Lawrence, 1977).

　アメリカの文化から生まれたマトリクスの概念がもっとも適応する国は，日本ともいわれている（Davis and Lawrence, 1977）．たとえば，集団同士の関係を効果的に調和させる，個人よりも組織に対する忠誠や志向が高い，個人よりも集団的意思決定に従う，自分の責任範囲を超えて他人を助けて協力する気質など，日本のさまざまな文化的側面がマトリクスの本質とうまく適合している．にもかかわらず，日本企業でマトリクス組織の採用が少ないのは一体なぜだろうか．デービスとローレンス（1977）によると，たとえば，プロジェクトチームの編成や新製品開発など，日本では，マトリクスの構造や行動が日常の組織の中に自然と溶け込んでいるからであるという．確かに日本企業の新製品開発プロセスは，諸活動を重複して開発時間の大幅な短縮や作業間の緊密なコミュニケーションを通じてイノベーションの創造を高めるというオーバーラップモデルである．また，カイゼンなどの現場における小集団活動は日常的に行われるなど，日本企業はマトリクス的な解決方法をこれまで実施してきたのは明らかである．

　マトリクス組織とは，組織構造が進化した形態であるといってもよい．そこで，マトリクスの発展段階について触れてみよう．マトリクスのライフサイクルは，4ないし5の進化プロセスが考えられる（Davis and Lawrence, 1977）．第1段階は，伝統的なピラミッド組織という初期の組織である．この組織の特徴は，原則的に一元的な命令系統に支配された組織である．第2段階は，短期的な重複組織である．これは伝統的な組織をベースにプロジェクトチームやタスクフォースという重複管理が一時的に編成される場合である．第3段階は，プロジェクトチームやタスクフォースという重複管理が一時的ではなく，恒久的に編成されることである．第4の段階は，成熟したマトリクスである．マトリクスが完全に成熟した段階であり，二重の権限，多元的命令系統が確立している段階である．製品別と地域別など，さまざまな軸の組み合わせからマトリクスが構成される段階である．通常，第4段階でマトリクスの進化は終了する

が，中には第5段階へ進むケースもある．第5の段階は，ポスト・マトリクスである．これは二元的なマトリクス構造に拘ることなく，かりにマトリクス組織でなくとも，マトリクスのエッセンスを利用する段階である．

マトリクス組織が採用される条件を考えてみよう．ダフト（Daft, R. L., 2001）は，3つの条件をあげている．第1の条件は，少ない資源を複数の製品ライン間で共有しなければならない場合である．第2の条件は，深い技術的知識（機能別）と頻繁な新製品開発（事業別）など，2つ以上の重要なアウトプットを求める場合である．第3の条件は，組織が置かれている環境の複雑性が高い場合である．

ビジネスでは，組織形態を複数の焦点にあわせる必要が生じる場合が発生する．たとえば，組織が専門的な技術知識と製品イノベーションの両方を重視したいとき，機能別と製品別を組み合わせた組織構造が利用され，一方，製品イノベーションと顧客や市場対応の両方を重視するとき，製品別と地域別を組み合わせる組織が形成される．このような複数の焦点にあわせ，両方の強みを確保する組織形態をマトリクス組織とよんでいる．

2. マトリクス組織の構造

マトリクス組織は，主に R&D，製造，販売といった機能別構造（functional structure）と製品事業部 A，製品事業部 B，製品事業部 C のような事業別構造（divisional structure）の両方の利益を追求する組織形態である（図表8−1）．機能部マネジャーと事業部マネジャーは，組織内において同等の権力をもっている．従業員たちは，機能部と事業部の両方に二重の地位があるため，これら両方のマネジャーに報告しなければならない．

マトリクス組織は，多様な組み合わせが可能である．職能別，事業別，製品別，顧客別，地域別，時間別，プロジェクト別，ビジネスプロセス別など，数多くの異なる組織構造を水平方向にミックスし，命令系統を多次元的に設計することができる．

図表 8 － 1　マトリクス構造

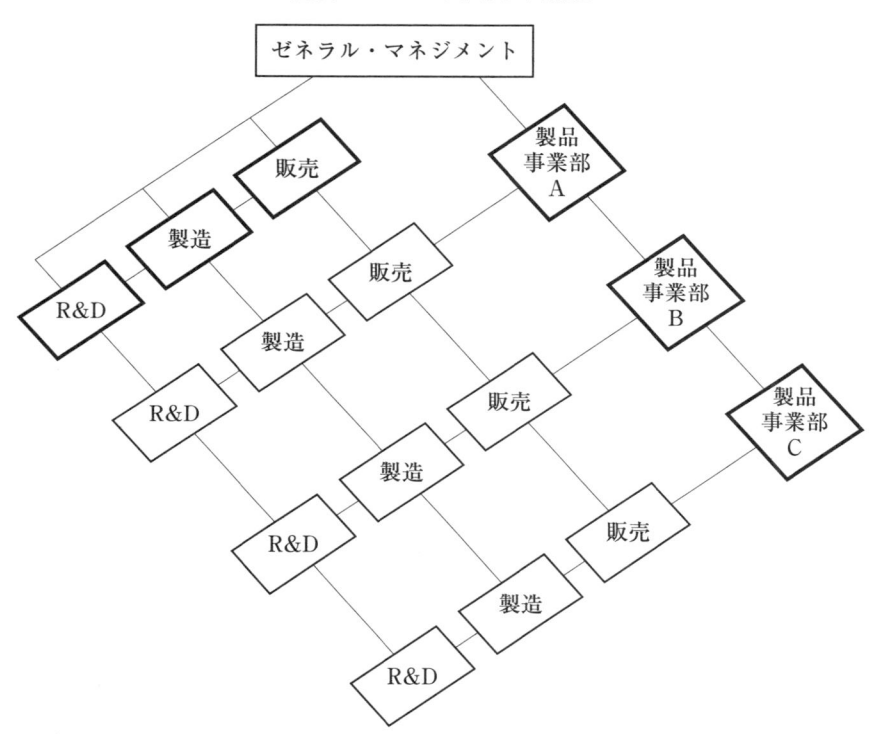

出所）Cash, Jr., Eccles, R. G. Nohria, N. and R. L. Nolan（1993：32）

　マトリクス組織を明確化するため，ここでは異なる組織構造の組織的効果を5つの評価項目で比較・対比しながら，マトリクス組織を明らかにしてみよう．図表 8 － 2 は，機能別，事業別，マトリクスとネットワークという 4 つの組織形態を比較し検証したものである．

　第 1 に，資源，努力，誤りを最小化し信頼に足りうる仕事を遂行する組織構成員たちの能力を意味する「資源効率」でもっとも優れた組織形態は機能別であり，もっとも劣っているのは事業別である．第 2 に，仕事を完成させるのにかかるスピードまたは迅速さを意味する「時間効率」でもっとも優れた組織形態はネットワークであり，もっとも劣っているのは機能別である．第 3 に，組

第8章　複雑系の経営組織

図表8－2　異なる組織構造の相対的優位性と非優位性

	機能別	事業別	マトリクス	ネットワーク
資源効率	優秀	悪	適度	良
時間効率	悪	良	適度	優秀
応　　答	悪	適度	良	優秀
順　　応	悪	良	適度	優秀
責　　任	良	優秀	悪	適度
環　　境	安定した環境	異質な環境	（多様な需要に伴う）複雑な環境	激しい環境
戦　　略	集中化／ローコスト戦略	多角化戦略	反応戦略	イノベーション戦略

出所）Cash, Jr., Eccles, Nohria and Nolan（1993：35）

織の環境の要求を満足させる能力を意味する「応答」でもっとも優れた組織形態はネットワークであり，もっとも劣っているのは機能別である．第4に，イノベーションを生み出す，またはダイナミックに変化するための組織の能力を意味する「順応」でもっとも優れた組織形態はネットワークであり，もっとも劣っているのは機能別である．第5に，組織的な成果に寄与するものと定義される諸活動の成果について個人的な責任を果たす能力を意味する「責任」でもっとも優れた組織形態は事業別であり，もっとも劣っているのはマトリクスである．

4つの組織形態について，5つの評価項目をそれぞれ比較・検証すると，マトリクス組織の第1の特徴としては，きわめて適度な組織である．つまり，資源効率，時間効率，順応の3項目で適度と評価されているとおり，中庸型のバランスベースの組織であるといってよい．第2の特徴は，責任という面ではもっとも劣っていることである．中庸型の組織であること，あるいは複数の次元から構成された組織デザインであるため，個人的な責任が見えにくく，責任の所在がはっきりしない危険性を有する組織である．

つぎに，4つの組織形態にもっとも適合する環境と戦略について触れてみよう．機能別組織は安定した環境に適している．事業別組織は異質な環境に適し

ている．マトリクス組織は複雑な環境に適している．ネットワーク組織は激しい環境に適した形態であるといわれている．一方，機能別組織は集中化／ローコスト戦略に適している．事業別組織は多角化戦略に適している．マトリクス組織は反応戦略に適している．ネットワーク組織はイノベーション戦略に適した形態であるといわれている．

マトリクス組織の長所と短所について触れてみよう．ダフト（2001）によると，マトリクス組織の長所は，つぎのようにまとめられる．

① 顧客からの2通りの要求に応えるのに必要な調整ができる
② 人的資源を複数の製品間で融通し合える
③ 複数の意思決定や不安定な環境の頻繁な変化に対応できる
④ 機能面および製品面のスキル開発のチャンスを与えられる
⑤ 複数の製品をつくる中規模の組織にもっとも適している

一方，マトリクス組織の短所は，下記のようにまとめられる．

① 従業員を二重の権限下に置くこととなり，フラストレーションや混乱を引き起こす
② 優れた対人処理スキルや集中的なトレーニングが従業員に必要になる
③ 時間をとられる．頻繁な会合や葛藤処理のセッションにかかわらなければならない
④ 従業員がシステムをよく理解し，上下関係よりも，同僚との協力関係に適応しなければうまく作用しない
⑤ パワーバランスを維持するために，かなりの努力が必要である

3. グローバル・マトリクス組織

多角化された多国籍企業（DMNC）が採用する組織デザインとして，ストップフォードとウェルズ（Stopford, J. and L. T. Wells, 1972）のステージモデルが有名である．彼らはアメリカに本社を設置するグローバルなエクセレント・カンパニー187社を調査し，国際的な組織拡張について明らかにした．ヨコ軸に

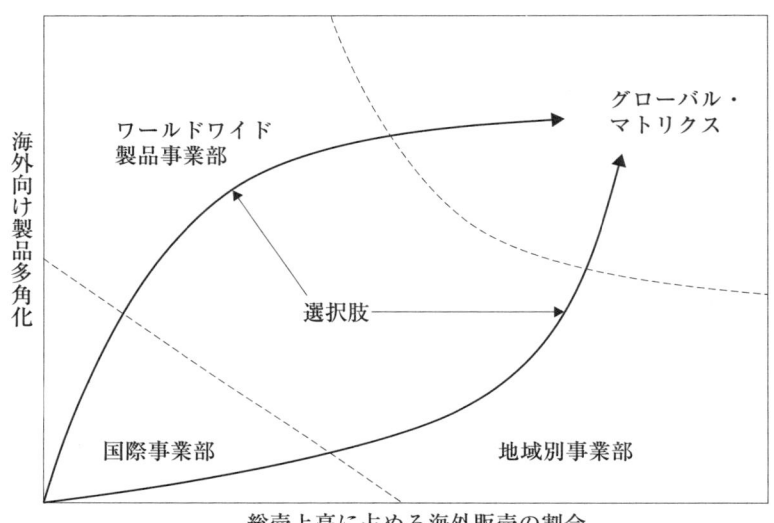

図表 8-3 国際的組織構造のステージモデル

（図：縦軸「海外向け製品多角化」、横軸「総売上高に占める海外販売の割合」。左下「国際事業部」から、上方向に「ワールドワイド製品事業部」、右方向に「地域別事業部」へ分岐し、両者が右上の「グローバル・マトリクス」へ収束する曲線。中央に「選択肢」の両矢印。）

出所）Stopford, J. and L. T. Wells, 邦訳（1976：98）

総売上高に占める海外販売の割合，タテ軸に海外向け製品の多角化をそれぞれ取ると，国際的組織構造のステージモデルは，図表8-3のとおりになる．

　国際化の最初の段階は，海外販売の割合も製品多角化も低位なため，国際事業部（international division）が採用される．国際事業部の設置を通じて国内事業と海外事業を切り離すことで，① 規模の小さい海外事業を集中的に管理できる，② 経営陣たちの統制範囲を減らすことができる，③ 経験豊かな海外事業専門のマネジャーや担当者の育成が大きく進んだ．国際化の第2段階は，国際事業部から異なる2つのベクトルへの進化である．ひとつの方向は，国際事業部から地域別事業部（area division）へのシフトである．これは総売上高に占める海外販売の割合が高まると（地域別事業部を採用する企業の売上高に占める海外売上の割合は，平均45.6%に達するデータも存在する），従来の国際事業部ではきめ細かな地域管理をしきれなくなる．このため，地域別事業部を採用するのである．もうひとつの方向は，国際事業部からワールドワイド製品

事業部（worldwide product division）へのシフトである．これは海外向け製品の多角化が高まると，従来の国際事業部では複数の製品管理をしきれなくなる．このため，ワールドワイド製品事業部を採用するのである．最後の第3段階は，総売上高に占める海外販売の割合と海外向け製品の多角化が共に高くなると，多国籍企業はさらにグローバル・マトリクス（global matrix）ないしグリット（grid）の段階へ達する．

　製品軸と地域軸のミックス構造であるグローバル・マトリクス組織は，ワールドワイド・ハイブリッド（worldwide hybrid），ミックス・ストラクチャー（mixed structure）ともよばれている．主に1960年代から1970年代にかけてポピュラーとなったが，あらゆる問題を2次元的に解決しようと試みた結果，命令系統，報告ライン，意思決定が混乱したり，衝突やコンフリクトといった利害関係の悪化を招くなど，実際のオペレーションでは多くの問題が発生した．このため，1980年代を過ぎると支持する企業が低下した組織モデルとされている．

　グローバル・マトリクス組織の特徴について触れてみよう．まず，グローバル・マトリクス組織の主な長所としては，つぎのような点があげられる（Pitts, R. A. and D. Lei, 2003）．

① キーとなる資源やスキルの共有化を促進する．
② すばやい変化や柔軟性を高める．
③ 資源不足の際に効果を発揮する．
④ 人びとの移転や移動を可能にする．
⑤ キーとなる諸活動や製品について高度な専門化を実現できる．

一方，その構造的な短所としては，以下のようなものがあげられる．

① とても高価なコスト構造である．
② 意思決定スピードが遅い．
③ ツーボス・マネジャーという構造から現場レベルのマネジャーは満足を感じることができない事態にしばしば陥る．

④ 高い緊張とストレスが生じる．
⑤ マトリクス組織のそれぞれのマネジャーのコンフリクトを生み出す．

　グローバル・マトリクスは，たしかに優れた組織デザインではあるが，一方，多くの矛盾や混乱を内包する組織でもある．最後に，グローバル・マトリクス組織の教訓について触れてみよう．つまり，グローバル・マトリクスとは究極の組織デザインというよりも，組織タイプのひとつの選択肢にすぎないことである．つまり，ビジネス環境に応じて組織デザインを調整すべきであり，時間を超えて理想的な組織デザインなど存在しないということである．

4. フロントエンド／バックエンド組織

　近年，多くの企業では，これまで以上に顧客サイドを重視するようになった．これは，成長の機会や利益の源泉が販売やサービスという川下活動へ大きくシフトしていることを表すものである．たとえば，世界最高の企業である GE の売上高の半分以上は，伝統的な新規事業や新製品というよりも，すでに販売した航空機のジェット・エンジンや CT スキャナーの遠隔診断サービスによってもたらされている．つまり，プロフィット・ゾーンという利益を生む源泉が「製品」から「ソリューション」へ大きく変化しているのである．

　このように今日のグローバル企業の新たな命題として，顧客に対するソリューションや付加価値サービスを実現し，さらに顧客とのリレーションシップを通じた高い価値創造の要求と国や事業部の統合の要求を共に満足させる，すなわち，顧客に焦点を置いたグローバル組織の設計が急務な課題として浮上してきたのである．

　フロントエンド／バックエンド組織（front-end/back-end organization）は，フロント・バック組織ともよばれている（図表 8 - 4）．その特徴とは，フロントエンド（前方部）は顧客にフォーカスし，バックエンド（後方部）は製品にフォーカスするという二重構造またはハイブリット構造である．欧米では，IBM，HP，ABB，シティバンク，シスコ・システムズ，EDS，日本でも NEC

図表 8－4　フロントエンド／バックエンド組織

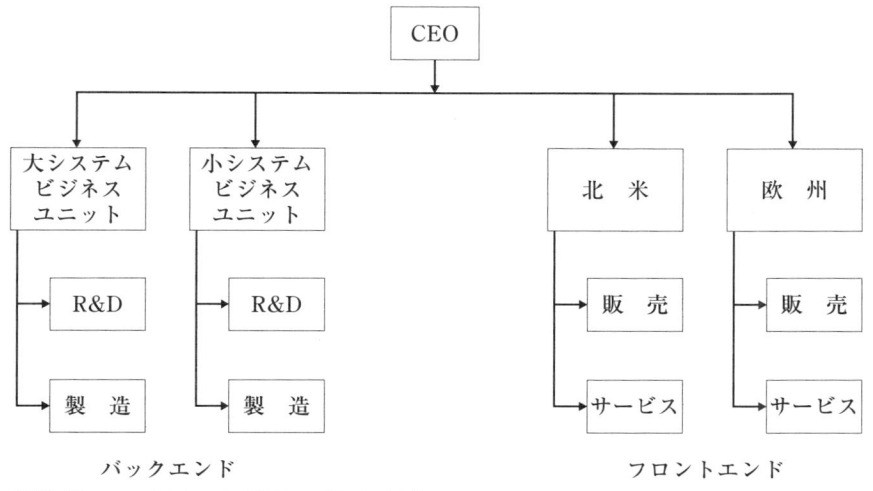

```
                              ┌─────┐
                              │ CEO │
                              └─────┘
         ┌──────────┬──────────┼──────────┬──────────┐
    ┌─────────┐ ┌─────────┐         ┌─────────┐ ┌─────────┐
    │大システム│ │小システム│         │  北 米  │ │  欧 州  │
    │ビジネス │ │ビジネス │         │         │ │         │
    │ユニット │ │ユニット │         │         │ │         │
    └─────────┘ └─────────┘         └─────────┘ └─────────┘
         │           │                   │           │
    ┌─────────┐ ┌─────────┐         ┌─────────┐ ┌─────────┐
    │  R&D   │ │  R&D   │         │  販 売  │ │  販 売  │
    └─────────┘ └─────────┘         └─────────┘ └─────────┘
         │           │                   │           │
    ┌─────────┐ ┌─────────┐         ┌─────────┐ ┌─────────┐
    │  製 造  │ │  製 造  │         │ サービス │ │ サービス │
    └─────────┘ └─────────┘         └─────────┘ └─────────┘
           バックエンド                      フロントエンド
```

出所）Westney, D. E. and S. Zaheer（2001：375）

　のようなエクセレント・カンパニーで導入されている組織デザインであり，今後の国際経営研究の分野でさらなる理論構築が待たれる組織アーキテクチャーである．

　フロントエンド／バックエンド組織は，多様な販売チャネルや細分化されたマーケティングなど，地域に点在する多様なニーズへの対処を目的とする顧客に焦点を当てたフロントエンドと，R&D，製造の効率化やグローバルな合理性の追求を目的とする製品に焦点を当てたバックエンドの混成された組織構造である．フロントエンドとバックエンドはそれぞれプロフィット・センターのように機能する．そしてフロントエンドは顧客だけに焦点を定め，顧客満足の達成に専念することができる一方，顧客への価値創造を最大化するため，バックエンド側の製品・サービスを自由に選択または組み合わせて提供する．つまり，ビジネスユニット間にまたがる総合的な販売が可能となるのである．このようなフロントエンドとバックエンドの関係は，バックエンドの唯一の顧客はフロントエンドであり，フロントエンドの唯一の供給先はバックエンドとなる．

フロントエンド／バックエンド組織の長所は，2人のマネジャーが同時に存在し，ツーボス・マネジャーというコンフリクト問題が構造的に解決されないマトリクス構造のような複雑性なしに，顧客対応の最大化を実現できる点にあるが，ここで問題として浮上するのは，フロントとバックを結びつけて統合する連絡調整の画策である．

ガルブレイス（Galbraith, J. R., 2000）は，フロントとバックを統合する連絡調整について，つぎの3点をあげている．第1に，マーケティングなど，フロント機能とバック機能の両方に置かれる機能についてどう扱うかである．第2に，フロントとバックのパワーバランスをどう図るかである．第3に，フロントとバックを統合する具体的なマネジメント構造である．このようにフロントエンド／バックエンド組織では，さまざまな摩擦や障害を乗り越えて有機的な協力関係を構築できるかどうかがその成功のカギを握る最大のポイントである．

演・習・問・題

問1 マトリクス組織の構造的特徴について説明しなさい．
問2 国際事業部からグローバル・マトリクス組織への進化について説明しなさい．
問3 フロントエンド／バックエンド組織の特徴について説明しなさい．

参考文献

Cash, Jr, J. I., R. G. Eccles, N. Nohria and R. L. Nolan (1993) *Building The Information-Age Organization : Structure, Control, and Information Technologies*, IRWIN.

Daft, R. L. (2001) *Essentials of Organization Theory & Design*, 2nd ed., South-Western.（高木晴夫訳『組織の経営学』ダイヤモンド社，2002年）

Davis, S. M. and P. R. Lawrence (1977) *MATRIX*, Addison-Wesley.（津田達男・梅津祐良訳『マトリックス経営』ダイヤモンド社，1980年）

Galbraith, J. R. (2000) *Designing the Global Corporation*, Jossey-Bass.（斉藤彰吾・平野和子訳『グローバル企業の組織設計』春秋社，2002年）

Galbraith, J. R. and D. A. Nathanson (1978) *Strategy Implementation : The Role of Structure and Process*, West Publishing.（岸田民樹訳『経営戦略と組織デザイン』白桃書房，1989年）

Pitts, R. A. and D. Lei (2003) *Strategic Management : Building and Sustaining Competitive Advantage*, Thomson.

Stopford, J. and L. T. Wells (1972) *Managing the Multinational Enterprise*, Basic Books.（山崎清訳『多国籍企業の組織と所有政策』ダイヤモンド社，1976年）

Westney, D. E. and S. Zaheer (2001) "The Multinational as An Organization" Rugman, A. M. and T. Brewer (eds.), *The Oxford Handbook of International Business*, Oxford University Press.

《推薦図書》

1. Daft, R. L. (2001) *Essentials of Organization Theory & Design*, 2nd ed., South-Western.（高木晴夫訳『組織の経営学』ダイヤモンド社，2002年）
   現代企業の組織理論を体系的に網羅し詳しくまとめた書.
2. 沼上幹 (2003)『組織戦略の考え方』ちくま新書
   組織の基本から組織の疲労，組織の腐り方について著したユニークな書.

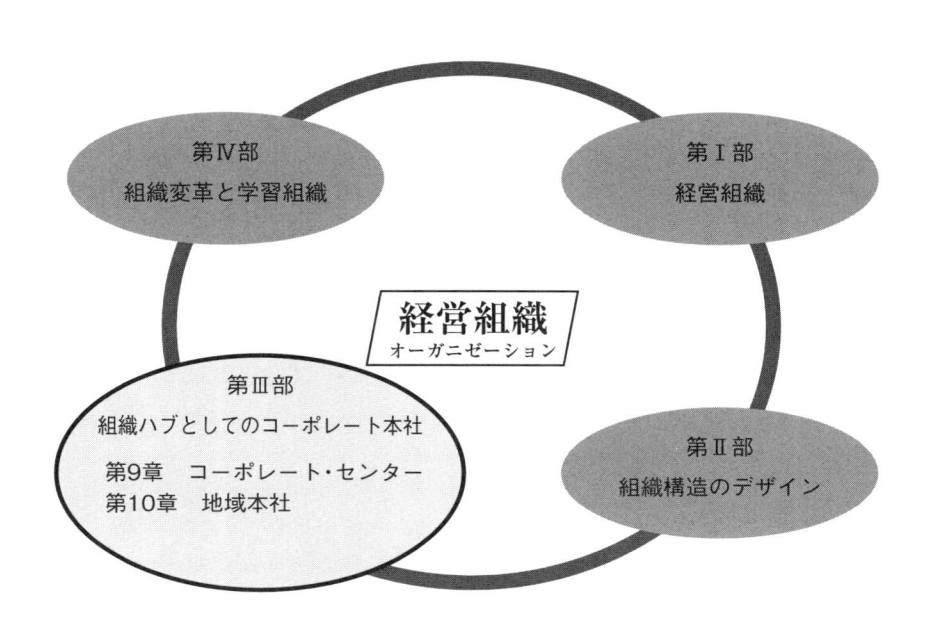

第Ⅲ部
組織ハブとしてのコーポレート本社

- 第Ⅳ部 組織変革と学習組織
- 第Ⅰ部 経営組織
- 第Ⅱ部 組織構造のデザイン
- 第Ⅲ部 組織ハブとしてのコーポレート本社
  - 第9章 コーポレート・センター
  - 第10章 地域本社

経営組織
オーガニゼーション

第9章の要約

　本社，ヘッドクォーターともよばれるコーポレート・センターについて説明する．1. の「コーポレート・センターの基本構成」では，センターの基本機能を明らかにする．2. の「コーポレート・センターの現状」では，今日のコーポレート・センターの存在意義について触れている．とくに，グループ経営やグローバリゼーションに伴い，センターの役割は非常に重要となってきている．3. の「コーポレート・センターを取り巻く環境変化」では，センターを取り巻く環境とその変化について説明する．4. の「コーポレート・センターの役割と進化」では，コーポレート・センターの役割と進化について説明する．また，進化を妨げる壁についてもあわせて言及する．

第9章 コーポレート・センター

1. コーポレート・センターの基本構成

　図表9－1は，コーポレート・センターの基本構成を示したものである．日本企業のコーポレート・センターは，多かれ少なかれ，図表9－1のような部門と部署によって構成されている．

　「企画部門」は，事業・組織関連と企業枠組み関連に区別される．事業・組織関連は，総合企画，国際事業管理，関連企業管理という部署により構成される一方，企業枠組み関連は，情報システム，法務，広報という部署から構成されている．「財務部門」は，財務，経理，資金などの部署からなっている．「人事部門」は，人事，教育・訓練，福利厚生という部署がある．「総務部門」は，総務，庶務，施設管理などの部署である．最後に「事業サポート」は，資材購買，物流・ロジスティクス，生産技術管理，デザイン，研究開発，知的財産管理などが含まれている．

2. コーポレート・センターの現状

　グローバル経営の進化は，3つのトレンドに分類される．80年代に注目を集めたのは，多国籍企業の役割や戦略についてであった．具体的には，理想的な多国籍企業の構造について，「戦略と構造」「ネットワーク」「本社と子会社の関係」という視点からアプローチが試みられ，この結果，トランスナショナル企業という理想的な企業モデルが提示された．90年代に入ると，新しい組織ストラクチャーの探求からトランスナショナルを具体的にどう実現するのかに注目が集まった．そして，トランスナショナル実現のカギを握る要素として海外子会社（MNC Subsidiary）の強化が指摘され，子会社の役割や戦略，さらに多国籍ネットワーク内における知識フローが取り上げられた．こうした多国籍企業や海外子会社の研究を経て，今日，コーポレート・センター（本社）に注目が集まりつつある．というのも，企業活動の国際化が拡大する中，グローバ

図表9－1 本社の基本構成

部　門	部　署
企　画	・事業・組織関連 　・総合企画 　・国際事業管理 　・関連企業管理 ・企業枠組み関連 　・情報システム 　・法務 　・広報
財　務	・財務 ・経理 ・資金
人　事	・人事 ・教育・訓練 ・福利厚生
総　務	・総務 ・庶務 ・施設管理
事業サポート	・資材購買 ・物流・ロジスティクス ・生産技術管理 ・デザイン ・研究開発 ・知的財産管理

出所）佐野睦典・山本功（1994：14）

ル・ネットワークを統合する強い求心力としてコーポレート・センターに注目が集まり，その重要性が高まりつつあるからである．

　こうした中，多くのグローバル企業では，本社機能の見直しとその再編が進んでいる．従来，本社の見直しや再編というと，たとえば，単なる本社からカタカナのコーポレート・ヘッドクォーター，小さな本社，戦略センターへ変名するなど，いわゆる小手先だけの変革がその主な内容であったが，最近の変革は，どうやら抜本的な改革を意味するようである．振り返ってみると，グローバル企業の国際化は，最初に販売・マーケティング機能から始まり，次にマニュファクチャリングや研究開発の機能が後に続き，最後のフロンティアとして本社機能の国際化が今日，世界的にも注目されている．たとえば，世界で最大級の国際総合資源企業であるBHP-Billiton社では，2001年以降，オーストラ

リアのシドニーとイギリスのロンドンに本社を置き，それぞれの地で上場する2本社制（dual listed company structure）を採用している．また，スウェーデンにある世界的な電気通信機器メーカーのEricsson社は，2001年に本社機能の一部をロンドンへ移動している．さらに世界最大の航空機メーカーのボーイング社では，2001年に本社をシアトルからシカゴへ移転した．

また，本社の再配置ではないが，2001年，ソニーは経営戦略策定に特化したグループ本社機能であるグローバル・ハブ（global hub）を新設してグループ全体を統合する一方，売上高の半分を占めるエレクトロニクス部門をより強化・発展させるため，エレクトロニクスHQを同時に設立するなど，きわめて変則的な本社制の導入を試みるに至っている．

このように国内外のグローバル企業では，近年，本社機能を国内から国内または国内から海外へ再配置する傾向が多くみられるようになってきたが，それでは，コーポレート・センターの立地を決定する諸要因とは何だろうか．センターの立地を決定するカギは，企業や産業レベルの決定因と都市・国家・地域レベルの決定因の2つに大別することができる（Baaji, M. F. Van Den Bosch and H. Volberda, 2004）．

企業・産業レベルをみると，ひとつは企業特殊要因があげられる．これはペアレンティング・スタイルや企業の遺産を指すものである．もうひとつは産業特殊要因があげられる．これは統合または差別化優位，産業クラスターである．

つぎに，都市・国家・地域レベルの決定因をみると，ひとつは主要都市の特殊要因である．これは高い教育された労働力，生活の質の高さ，インフラストラクチャー，高レベルのビジネス・サービス，オフィス空間の広さ，その他の主要な企業の存在である．もうひとつは，国家・地域の特殊要因である．これは，国の競争優位を分析するダイヤモンド，税制，企業統治，法律である．

3. コーポレート・センターを取り巻く環境変化

コーポレート・センターを取り巻く最近の環境は，劇的に変化している．つ

ぎに本社を取り巻く環境について整理してみよう．

　最初に，今日のコーポレート・センターを取り巻く新たな環境は，ローカル思考からグローバル思考へ変化している．とくに日本の製造業の多くは，国際的な競争優位を構築するため，国内を基点としたワールドワイドな展開を成功させねばならず，コーポレートのマネジャーやコア・スタッフには，一層のグローバル思考が求められる．2つ目は，単独志向からグループ連結志向への変化である．世界と戦うには，従来のような本国の親中心，親依存の経営スタイルから早く脱却し，親子が一体となってグループ・プレミアムを高める連結経営がもはや不可欠となっている．3つ目は，企業統治を意味するコーポレート・ガバナンスの変化である．とくに日本企業では，会社は従業員のために存在するという人本主義が過剰に解釈され，株主や投資家に対する貢献意識がきわめて薄かった．また，安定株主対策として金融機関や取引先企業と相互に株式の持ち合い相互扶助してきた．ところが，日本企業の国際化が進み外国人の株主や投資家の増加に加え，金融機関の競争力低下に伴うケイレツ（系列）の崩壊，さらに激しい国際競争で生き残っていくには，本業のみならず企業価値を重視した経営にも取り組む必要性が出てきたのである．4つ目は，売上・利益主義からキャッシュフロー主義への転換である．これまでの日本企業は，売上高や利益率を重視してきたが，将来はキャッシュフローを通じた経営が求められる．キャッシュフローは，利益操作が可能な会計上の利益とは異なり，企業が事業や投資活動で得た現金収入と人件費や代金として支払った現金支出を差し引きしたものであり，すなわち，キャッシュフロー主義とは，現実の現金収支を重視した健全経営に他ならない．最後に自前主義から脱却し外部資源活用への転換である．スピードの有無が競争を決する今日の競争環境では，NIHシンドロームや自前主義への拘りはもはやマイナスである．技術，人材，知識・ノウハウについて，自前で対応するものと積極的にアウトソーシングするものの最適なバランスを図ることが大切である．

4. コーポレート・センターの役割と進化

コーポレート・センターは，どう定義できるだろうか．図表9-2は，コーポレート・センターを事業範囲と経営範囲から類型化したものである．まず，左下のセルは，単一事業を営み国内中心の経営に該当する本社である．一方，左上のセルは，多角化された複数事業を営み国内中心の経営に該当する本社である．これに対し，右下のセルは，単一事業を営み多国籍にまたがる経営に該当する本社である．最後に右上のセルは，多角化された複数事業を営み多国籍にまたがる経営に該当する本社である．

図表9-2を通じて明らかになったことは，つぎのような2点である．ひとつは，グローバル本社とは単一事業を営み多国籍で経営するか，それとも多事業を営み多国籍で経営する多角化された多国籍企業（Diversified Multinational Corporation：DMNC）の両方を指すことである．ふたつ目は，事業の多角化戦略と全社的なコーポレート戦略のリンケージは，多事業を営み国内中心の経営か，あるいは多事業を営み多国籍で経営するかの両方の場合をさすことである．

事業の多角化戦略と全社的なコーポレート戦略のリンケージに該当する企業

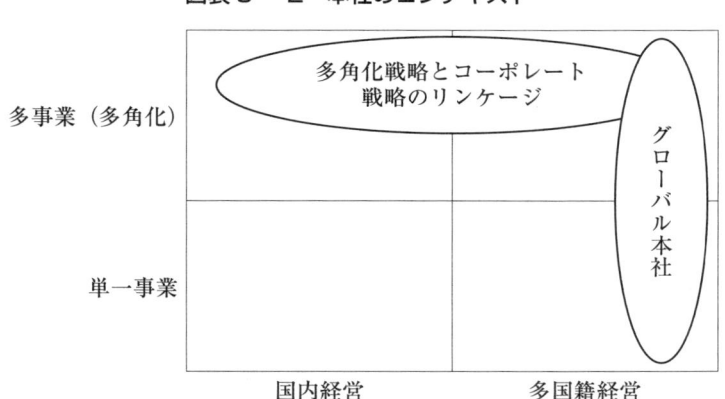

図表9-2　本社のコンテキスト

	国内経営	多国籍経営
多事業（多角化）	多角化戦略とコーポレート戦略のリンケージ	グローバル本社
単一事業		グローバル本社

出所）浅川和宏（2003：74）を参考に作成

のコーポレート・センターの役割ついて触れてみよう．単一事業のみを営む企業とは異なり，多事業を営む企業におけるコーポレート・センターの役割はきわめて重要だからである．そこで，コーポレート・センターによる価値創造のタイプは4つあげられる（Goold, M. Campbell, A. and M. Alexander, 1994）.

最初のタイプは「スタンドアローン」であり，これは，コーポレート・センターの支援や関与を通じて，各ビジネスユニットの戦略や成果の強化を図り独り立ち（stand-alone）させることである．たとえば，優れた人材をビジネスユニットへ派遣することや事業部戦略の見直しを求めるなどがあげられる．

第2は「リンケージ」タイプであり，異なるビジネスユニット間の連結価値を高めることである．これは，スタンドアローンとは異なり，各ビジネスユニットに対して支援や関与するものではない．コーポレート・センターは，たとえば，ビジネスユニット間における資源や知識の移転または交流を演出したり，あるいは相互間のコミュニケーションを高めシナジーを生起する役割を果たす．

第3は「機能＆サービス」タイプであり，これは，価値創造にとって重要な機能＆サービスの資源やノウハウは，コーポレート・センターがもっている．このため，各ビジネスユニットへ機能的なリーダーシップやコスト面で効率的なサービスを供給することで価値創造を図ることができるものである．

最後は，「コーポレート開発」タイプであり，これは，ビジネスユニットのポートフォリオの構成を変えることで価値創造することである．つまり，成長性の高い事業を発見または開発することがコーポレート・センターの役割である．

さて，これら4つの価値創造タイプのうち，コーポレート・センターの戦略的役割としてもっとも重要なのは，異なるビジネスユニット間を相互に連結する「リンケージ」タイプである．多角化された企業の競争優位性は，異なるビジネスユニット間のコラボレーションや資源や能力におけるシナジーの創造というダイナミズムだからである．とはいえ，「リンケージ」タイプで注意が必

図表9−3 コーポレート本社による価値創造のタイプ

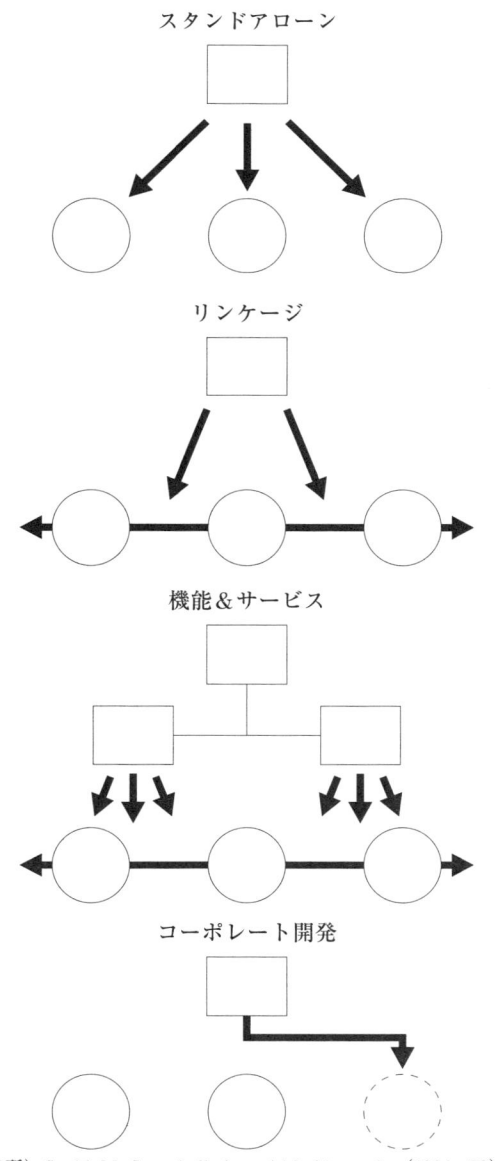

スタンドアローン

リンケージ

機能&サービス

コーポレート開発

出所）Goold, M. Campbell, A. and M. Alexander (1994：79)

第9章 コーポレート・センター

図表9-4　本社機能の進化

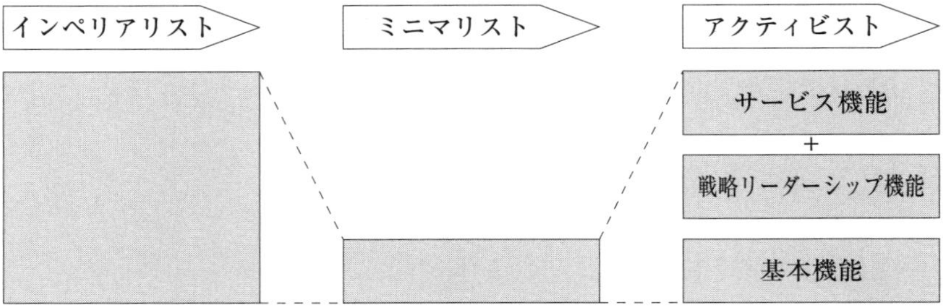

インペリアリスト　　ミニマリスト　　アクティビスト

アクティビスト：
- サービス機能
- ＋
- 戦略リーダーシップ機能
- 基本機能

出所）重竹尚基（2002：62）

要なのは，すべてのビジネスユニットをただリングすればよいというものではない．なぜなら，事業間の無理な結合がマイナスシナジーを招く恐れもあるからである．このようなシナジーの罠（synergy trap）を回避することもコーポレート・センターの重要な役割のひとつなのである．

つぎに，コーポレート・センター機能の進化について触れてみよう．アメリカの有名なボストン・コンサルティング・グループ（Boston Consulting Group：BCG）によると，コーポレート・センターは大きく3つのタイプに分類される．

"帝国主義者"とも訳されるインペリアリスト（imperialist）は，1970年代から1980年代を象徴する本社像である．インペリアリスト・センターは，つぎのような特徴をもつ．

① オールマイティな力を誇る性格である．
② 本社要員は数百人から数千人にも達するほど巨大である．
③ グループ戦略から子会社および個別事業部の戦略すべてに細かく関与し，指示を下す．
④ 財務目標の設定と管理を行う．
⑤ 業績悪化の原因と対応策を策定する．

1980年代から1990年代に入ると，何でも口出しする大きなインペリアリス

ト・センターは，ただコストの増大を招くだけで何も生み出さないという反省が生まれた．そして，ダウンサイジングやリエンジニアリングの手法を用いて，肥大化した巨大な本社をスリム化し，効率化する考え方が主流となった．その結果，生まれたのがミニマリスト・センターである．"最小限主義者"とも訳されるミニマリスト（minimalist）は，必要最小限の機能だけを備えたセンターであるとともに投資家・株主の視点に立脚した本社である．これは，インペリアリスト・センターがグループ戦略に加え，子会社・事業部戦略まで支配するのに対し，ミニマリスト・センターは，基本的に子会社・事業部の財務目標管理のみを行い，子会社・事業部戦略にはかかわらない性格をもつ．

　本社のスリム化してミニマリスト・センターに転換を図ったケースとして，ここではABBを取り上げてみよう．ABBは，1988年にスウェーデンのアセア社（1890年創業）とスイスのブラウン・ボベリ社（1891年創業）が合併してできた世界有数の重電企業である．ABBでは，世界に約24万人の社員を抱えているのに対し，チューリッヒにある本社の役員は12名，本社スタッフはわずか100人程度しか存在しない．1988年の設立直後の本社スタッフは1,600人存在したことから考えても，これは驚くべき本社のスリム化である．当時，同社のCEOであったパーシー・バーネビックは，つぎのような方法を講じれば一年で本社スタッフを90％削減することは可能であると言及している．まず，本社スタッフの30％を占める財務や法務を別会社化してサービスセンターとする．そして，人事スタッフなどの30％を生産ライン部門へ分散させる．最後に，残り30％は，本社スタッフが削減されるため必要なくなる，というものである．また，同社が買収したフィンランドのシュトレンベルク社は，880人いた本社スタッフが買収後，わずか25人まで削減された．

　1990年代以降，本社機能を最小限にとどめるミニマリスト・センター化は変化を余儀なくされた．というのも，ミニマリストの考え方では，グループで複数の事業を有する意味がなくなるからである．すなわち，最小限の本社スタッフでは，企業価値の最大化やグループシナジーの生起といったコングロマ

リットがもつ競争優位性を引き出すことは困難だからである．そこで，1990年代以降の本社像としては，ミニマリストから"活動主義者"とも訳されるアクティビスト（activist）が求められている．アクティビスト・センターは「強力で小さなセンター」とも表現できる．すなわち，インペリアリストのような大きな本社でなく，また，ミニマリストのような小さな本社でもない．むしろ，センターの機能として不可欠な機能である，① シェアード・サービスまたはプロフェッショナル・サービスという「サービス機能」，② グループ戦略やキャッシュフロー経営を通じて企業価値を高める「戦略リーダーシップ機能」，③ 株主・インベスターに対するサービスを行う「基本機能」という3つの機能にフォーカスを意味するものである．このようなアクティビスト・センターの特徴は，主に5つあげられる．

① 企業価値を高めるバリューマネジメントを行う．
② グループシナジー戦略の策定と実施を行う．
③ 子会社・事業部への投資に対するリターンの評価を行う．
④ 最適なポートフォリオを作成して有望な事業分野への資金配分を行う．
⑤ 全社組織のコーチまたはメンターのような存在である．

野村総合研究所（2004）は，「強力で小さなセンター」を意味するアクティビスト・センターへの進化を本社組織のピュア化（機能の純粋化）とよび，このようなセンターの再構築に立ちはだかる壁と突破策について，以下のように整理している．

第1の壁は，「改革なんて必要ない」「われわれはプロだ．正しい」「われわれは本社様だぞ」という「意識の壁」である．これは，なぜ改革が必要なのか関係者が理解できないような場合に表れる壁である．この壁を突破する策としては，① 問題を認識したり意識を共有する（悪さ加減の可視化），② 経営トップによる改革に対する強い意思を明らかにする，③ 明確な改革の青写真を提示するなどが考えられる．

「意識の壁」のつぎに立ちはだかる第2の壁は，「できるだけ早くやればい

図表９−５　改革に立ちはだかる壁と突破策

	第1の壁 意識の壁	第2の壁 時間の壁	第3の壁 常識の壁	第4の壁 スキルの壁
概要	・改革なんて必要ない ・我々はプロだ．正しい ・我々は本社様だぞ	・できるだけ早くやればいい ・目一杯急いでやっている ・次の行動は進めながら考えればいい	・これまでもこうやってきた ・これがベストな手順だ ・社員はこれを喜んでいる	・適した人材がいない ・多能化などできない ・いつかできればいい
突破策	① 悪さ加減の可視化 ② トップダウン方針 ③ 明確な改革の青写真	① 成功事例・失敗事例研究 ② 外部経験者等の活用 ③ 実行計画と進捗管理	① ベンチマーキング ② 外部経験者の活用 ③ 白紙から骨太の改革案	① タスクフォース型組織 ② 外部から高スキル者の雇用，一時的な伴走委託 ③ 目標の明示と動機づけ

出所）野村総合研究所（2004：193）

い」「目一杯急いでやっている」「つぎの行動は進めながら考えればいい」という「時間の壁」である．これは，改革を改革機運が高まっているうちにやり遂げることである．この壁を突破する策としては，① 成功事例・失敗事例を研究し，自社の取り組みに活かす，② 外部経験者等を活用する，③ 実行計画と進捗管理を行うことである．

「時間の壁」のつぎに立ちはだかる第3の壁は，「これまでもこうやってきた」「これがベストな手順だ」「社員はこれを喜んでいる」という「常識の壁」である．「常識の壁」は，過去のやり方こそベストであり，それを変更することは不可能であると問題を封印することである．この壁を突破する策としては，① ベンチマーキングを行う，② 外部経験者等を活用する，③ 白紙から骨太の改革案という気概をもって改革に取り組むことである．

「常識の壁」のつぎに最後に立ちはだかる第4の壁は，「適した人材がいない」「多能化などできない」「いつかできればいい」という「スキルの壁」である．これは改革後，コーポレート・センターを担う人材とスキルの問題を意味する．この壁を突破する策としては，① タスクフォースを編成し，全社から

スタッフを集める，②外部から高スキル者を雇用する，③キャリア・ディベロップメント・プランを通じて目標の明示と人材の動機づけを行うことである．

強い工場・弱い本社症候群

自動車産業の研究で世界的に有名な藤本（2004）によると，日本企業を一言で表わすならば，強い工場・優れたオペレーション能力に比べ，弱い本社・乏しいストラテジー能力であると論じている．つまり，日本企業は，モノづくりの現場で日夜取り組まれる工夫や改善運動，TPSに代表された高度な生産技術力によって国際的な競争優位性を構築し，これに対し，本社の能力不足，本社スタッフによる戦略性の欠乏が足を引っ張っているとし，こうした状況を「強い工場・弱い本社症候群」と指摘した．

また，競争戦略論の大家であるハーバード大学のポーターは，かつて日本企業には戦略はないと指摘した．ポーターの分析によると，日本企業のやり方は，顧客に対する製品の品質を高めつつ，顧客に対する価格を低下させる「オペレーションの効率化」という手段によって今日の世界的な地位を確立したのであり，残念ながら戦略によるものではなかったと論じている．

こうした2人の指摘からも明らかなとおり，コーポレート・センターの戦略を構想する能力を向上させることが日本企業の今日的な命題である．

演・習・問・題

問1　コーポレート・センターを取り巻く環境について説明しなさい．
問2　コーポレート・センターの価値創造のタイプについて述べなさい．
問3　コーポレート・センター機能の進化について述べなさい．

参考文献

Baaji, M., F. Van Den Bosch and H. Volberda (2004) "The International Relocation of Corporate Centres: Are Corporate Centres Sticky?" *European Management Journal*, Vol. 22, No. 2, pp. 141-149.

Goold, M., Campbell, A. and M. Alexander (1994) *Corporate-Level Strategy*, Wiley & Sons.

浅川和宏（2003）『グローバル経営入門』日本経済新聞社

藤本隆宏（2004）『日本のもの造り哲学』日本経済新聞社
野村総合研究所（2004）『戦略実践ノート』ダイヤモンド社
佐野睦典・山本功（1994）「大企業再生戦略（中）」『財界観測』野村総合研究所，pp. 2-29
重竹尚基（2002）「取締役会改革で会社が変わる3つのポイント」『ダイヤモンド・ハーバードビジネス』April，pp. 58-69

――《推薦図書》――

1. ハーバード・ビジネス・レビュー（2001）『経営戦略論』ダイヤモンド社
   ペアレンティングの概念を提示し詳しく解説した書．
2. 野村総合研究所（2004）『戦略実践ノート』ダイヤモンド社
   ペアレンティングとコーポレート・センターのピュア化について詳しく解説した書．

第10章の要約

　多国籍企業の経営組織の一形態である地域本社について説明する．
　1. の「地域ベースの動き」では，世界の地域統合について触れる．今日の世界は，地域化がますます進んでいる．これが地域本社に強い影響を与えている．2. の「マルチリージョナル戦略」では，さまざまな戦略オプションと地域本社の戦略を比較し検証している．3. の「地域本社とは何か」では，組織設計上，地域本社の位置づけと役割について言及する．4. の「地域本社の類型化」では，地域本社のタイプについて触れている．

第10章　地域本社

1. 地域ベースの動き

　今日の世界は，地域単位で個別化・個性化の様相をますます強めている．たとえば，貿易の自由化や関税措置に伴う集まりを意味する「関税同盟」，地政学的に国境を接する国々の集まりを意味する「国境連合」，ユーロのように同じ通貨を単位とする「通貨統合」，司法や外交に関する統合を意味する「政治連合」，思想や宗教を同じとする「文化連合」など，さまざまな場面で地域ベースの動きが活発化しているが，なかでも，われわれがもっともよく知る地域化の動きは，関税同盟や通貨統合を含む経済統合であるにちがいない．そこで主な世界の経済統合について触れてみよう．

　まず，北米地域では，アメリカ，カナダ，メキシコの3ヵ国で構成されたNAFTA（North American Free Trade Agreement）が形成されている．NAFTAの歴史は，1989年に米加自由貿易協定が締結され，1992年，新たにメキシコが参加して北米自由貿易協定となり，今日に至っている．なお，2005年には，NAFTAを含むキューバを除いた34ヵ国で構成された，世界最大の自由貿易圏となる米州自由貿易地域（FTAA）の協定が発効されることが確認された．

　一方，欧州地域に目を転じると，フランス，ドイツ，イタリア，ベルギー，イギリス，オランダ，ルクセンブルク，スペイン，ポルトガル，ギリシャ，アイルランド，オーストリア，スウェーデン，フィンランド，デンマークの15ヵ国に加え，2004年5月にポーランド，ハンガリー，チェコ，スロバキア，スロベニア，エストニア，リトアニア，ラトビア，キプロス，マルタの10ヵ国を新たに加えた25ヵ国で構成するEU（European Union）が形成されている．EUの歴史は，1951年の石炭鉄鋼共同体（ECSC）の協定締結から始まる．そして，1958年に欧州経済共同体（EEC），原子力共同体（EURATOM）が発足し，1968年にECSC，EEC，EURATOMが統合され，欧州共同体（EC）として一体化し，その後，幾多の統合や設立を繰り返しながら，今日に至っている．

東南アジア地域では，アセアン10ヵ国（タイ，インドネシア，マレーシア，フィリピン，シンガポール，ブルネイ，ベトナム，ミャンマー，ラオス，カンボジア）で構成されたASEAN自由貿易地域（AFTA：Asean Free Trade Area）が形成されている．AFTAの歴史は，1967年，ASEANが創設し，1993年にASEANが締結および発足され，今日に至っている．

南米では，アルゼンチン，ブラジル，パラグアイ，ウルグアイの4ヵ国で構成された南米南部共同市場（MERCOSUR：Mercado Comun del Sur）が形成されている．MERCOSURの歴史は，1940年，アルゼンチン・ブラジル関税同盟が締結，1991年にアスンシオン条約がそれぞれ締結された後，1995年，メルコスールが発足し，今日に至っている．

これら世界の自由貿易地域内における域内貿易の割合は，年々上昇している．たとえば，EU全体に占めるEU域内貿易の割合は，1980年52.1%から2002年は61.0%まで拡大している．また，NAFTA全体に占めるNAFTA域内貿易の割合は，1980年33.6%から2002年は56.0%へ大きく拡大をとげている．さらにアジア全体に占めるアジア域内貿易の割合は，1980年35.3%から2002年は50.0%へ拡大しており，世界貿易に占める自由貿易地域の規模の大きさが手に取るように理解できる．

世界のトップ500にランキングされる多国籍企業をみても地域化の動きが見て取れる．つまり，これらの多国籍企業の国籍は，日本，アメリカ，EUの各

図表10－1　世界の自由貿易地域の比較

	加盟国	人口	名目GDP（ドル）	1人当たりGDP（ドル）	貿易額（ドル）
EU	15	3.8億	7.9兆	21,000	4.6兆
NAFTA	3	4.1億	11.4兆	27,000	2.7兆
AFTA	10	5.3億	5,430億	1,000	7,200億
MERCOSUR	4	2億	8,400億	4,000	1,700億
FTAA	34	8.1億	12.5兆	15,000	3.3兆

出所）IMF，アジア開発銀行などから作成

図表 10 − 2　The Fortune Global 500 の内訳

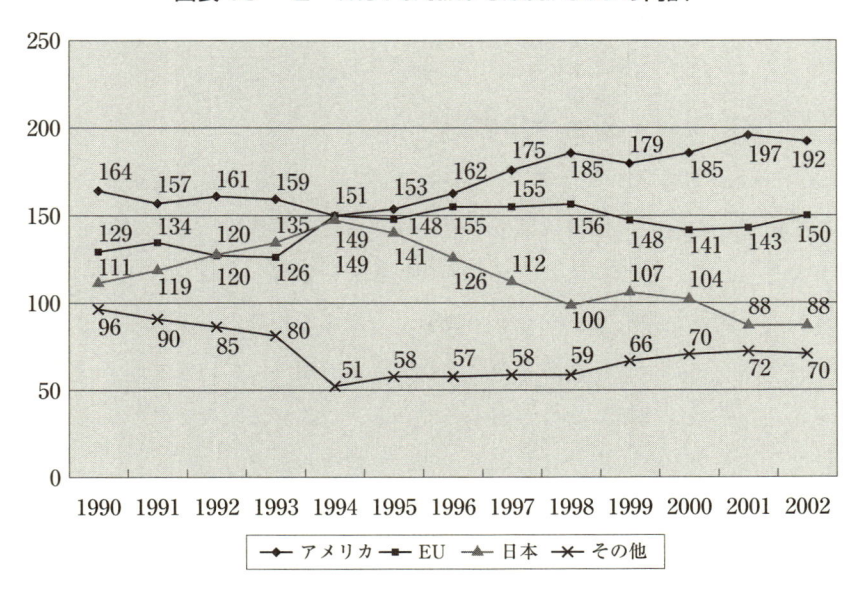

年	アメリカ	EU	日本	その他
1990	164	129	111	96
1991	157	134	119	90
1992	161	120	120	85
1993	159	135	126	80
1994	151	149	149	51
1995	153	148	141	58
1996	162	155	126	57
1997	175	155	112	58
1998	185	156	100	59
1999	179	148	107	66
2000	185	141	104	70
2001	197	143	88	72
2002	192	150	88	70

地域へ集中している．アメリカのビジネス雑誌 "Fortune" が毎年発表している "The Fortune Global 500" によると，1999 年から 2002 年までの世界のトップ多国籍企業の国籍の推移は，図表 10 − 2 のとおりである．

The Fortune Global 500 にランクされている多国籍企業のうち，アメリカ，EU，日本の 3 地域が全体に占める割合は約 90% にも相当している．アメリカ，EU，日本の 3 地域の合計は，1990 年当時，404（内訳はアメリカ 164，EU129，日本 111）であったが，2002 年は，430（内訳はアメリカ 192，EU150，日本 88）まで増加している．つぎに，もっとも多国籍企業の割合が高い地域はアメリカであり，近年の割合は約 40% と高い割合を示している．アメリカに次ぐ地域は EU であり，最近の割合は約 30% で推移している．アメリカ，EU に次ぐ地域は日本であるが，94 年を境として世界におけるプレゼンスは年々減少傾向にある．

経済統合の動き，域内貿易の拡大，多国籍企業の地域化など，地域単位で個

別化・個性化する様相は高まるばかりである．つまり，今日の世界はグローバル推進力以上にリージョナル推進力が活発化しているといっても過言ではない．

2. マルチリージョナル戦略

『Newsweek 日本版』によると，結局のところ，世界経済は地域経済の寄せ集めなので多国籍企業は地域単位の連合体組織として振舞うことが不可欠であると論じられた．また，海外のビジネスレビューでも"グローバリゼーションの限界と多国籍企業のリージョナル戦略"と題する特集が組まれるなど，地域化の動きやリージョナル推進力の高まりに伴い，内外においてマルチリージョナルという多地域戦略に注目が集まっている．ここではマルチリージョナル戦略に関する主要な2つの今日的視点について紹介しよう．

マルチリージョナル戦略の第1の視点は，グローバルとローカルの中間領域の手段および解決方法というものである．つまり，グローバルな解決方法が潜在的に抱える「過剰なグローバリゼーション」とローカルな解決方法が本質的にもっている「過剰なローカリゼーション」の両方を同時に回避することができることである．そこで，ヨコ軸に国別異質性への対応を意味する「ローカルな適応」，タテ軸に規模の経済への対応を意味する「グローバルな統合」を取りそれぞれをクロスさせると，つぎのような4つのソリューションが浮かび上がる（図表10－3）．

第1のソリューションは，ローカルな適応が高くグローバルな統合が低い「マルチドメスティック」（ローカルまたはマルチローカル）である．第2のソリューションは，逆にグローバルな統合が高くローカルな適応が低い「グローバル」である．第3のソリューションは，マルチドメスティックほどローカルな適応は高くなく，グローバル・ソリューションほどグローバルな統合は高くない，つまり，マルチドメスティックとグローバルのちょうど中間領域に該当する「マルチリージョナル」である．最後のソリューションは，ローカルな適応とグローバルな統合が共に高い「トランスナショナル」である．

図表 10－3　多国籍企業のソリューションタイプ

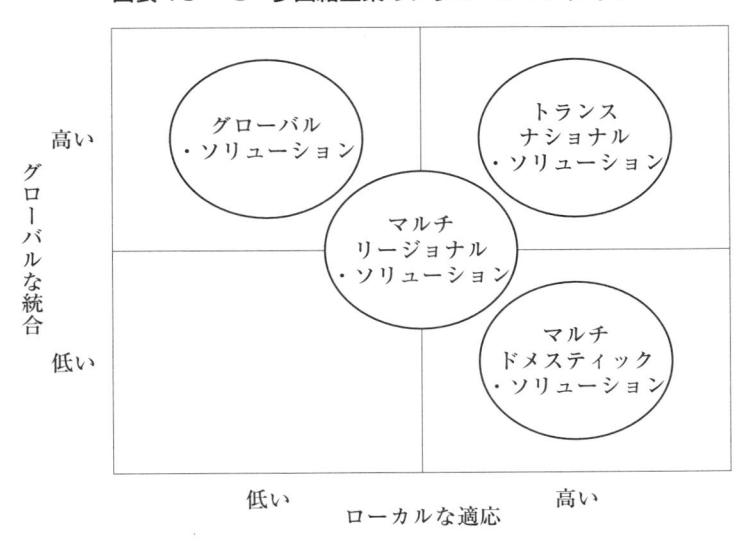

```
                    グローバル        トランス
               ・ソリューション     ナショナル
                                  ・ソリューション
  高い
グ
ロ                       マルチ
ー                    リージョナル
バ                    ・ソリューション
ル
な
統
合                                    マルチ
                                   ドメスティック
  低い                              ・ソリューション

          低い              高い
              ローカルな適応
```

　マルチドメスティック・ソリューションは，海外子会社を中心とする多国籍企業であり，通常，マルチドメスティック，マルチナショナル，マルチローカルともよばれる戦略である．このタイプの特徴は，世界をカントリーベースという「点」でとらえることである．つまり，戦略志向は国別対応または個別合理性の追求であるといえる．一方，組織は，国別に対応するマルチドメスティック組織デザインとなり，多国籍イノベーションの生起は，海外子会社がその担い手としての役割を果たす．

　マルチリージョナル・ソリューションは，地域本社を中心とする多国籍企業であり，マルチリージョナル戦略ともよばれている．この戦略の特徴は，世界を地域ベースで把握するという「局面」または「部分」でとらえることである．つまり，戦略志向は，地域最適または地域合理性の追求である．一方，組織は，日本またはアジア太平洋地域，欧州地域，北米地域というマルチリージョナル組織あるいはゾーン・ネットワーク組織となり，イノベーションの生起は，地域本社がその担い手として大きな役割を果たす．

第10章　地域本社

　グローバル・ソリューションは，ホーム・カントリーに拠点を置く世界本社を中心とする多国籍企業であり，通常，グローバルとよばれる戦略である．この戦略の特徴は，世界をひとつとして「面」または「全球」でとらえることである．つまり，戦略志向は，世界標準または世界合理性の追求である．一方，組織は，グローバルに統合された組織デザインとなり，イノベーションの生起は，世界本社がその大きな担い手として機能する．

　最後にトランスナショナル・ソリューションは，世界本社，地域本社そして海外子会社すべてを中心とする多国籍企業であり，トランスナショナルまたはセンターをもたないためセンターレスともよばれる戦略である．この主な特徴は，世界を点，部分，面のすべてとしてとらえることである．そして，戦略志向は，世界標準と個別適応の両方を追求することである．組織は世界本社，地域本社そして海外子会社が水平的に連結されたトランスナショナル組織またはグローバル・ネットワーク組織となり，イノベーションの生起は世界本社，地域本社，海外子会社がすべてその担い手としての役割を果たす．

　マルチリージョナル戦略のもうひとつの視点は，各リージョンの戦略的重要性に着目しながら，どのリージョンへ焦点化を図るかにより，基本的なマルチリージョナル戦略を4つのタイプに分類するものである．つまり，多国籍企業の国際経営とは，ビジネスを地球レベルでとらえるのではなく，正しくは地域単位の集合体であると考えるアプローチである．マルチリージョナル戦略は，3ないし4つで構成されるトライアド・ブロックのうち，地政学的な分類上，自国が所属するホーム・リージョンと他国で構成されるホスト・リージョンに大きく分類される．そして，各リージョンの戦略的重要性や焦点化の相違から，多国籍企業のリージョナル戦略は大きく4つのモデルに分類できる．

　第1のモデルは，自国が所属するホーム・リージョンに焦点をあてたホーム地域志向戦略（home-oriented strategy）である．これは，トライアド・ブロックのうち，ホーム・リージョンの相対的魅力度が高く，このため，ホーム・リージョンに戦略の焦点が置かれホスト・リージョンは軽視される戦略であり，

実は，このタイプに該当する多国籍企業が The Fortune Global 500 のうち約60%を占めている事実がすでに明らかとされている．

第2のモデルは，トライアドのうち，多国籍企業にとってホーム・リージョンと同等な戦略的重要性を有するリージョンがもうひとつ存在するため，2つのリージョンに戦略の焦点が置かれるバイ・リージョナル戦略（bi-regional strategy）である．このタイプの日本企業には，トヨタ，日産，ブリヂストンなど，自動車関連企業が該当するが，これらの日本企業に共通してみられるのは，どれも北米リージョンとアジア・太平洋リージョンに焦点を置いている点である．欧州リージョンにおける地元企業との競争に加え，この地域がもつ伝統的な保守性がつぎに述べるトライ・リージョナル戦略の大きな参入障壁となっていると考えられる．

第3のモデルは，トライアドのうち，ホーム・リージョンだけでなく，ホスト・リージョンすべてに戦略の焦点が置かれるトライ・リージョナル戦略（tri-regional strategy）である．トライ・リージョナル戦略は，トライアドすべてに焦点が置かれるため，各リージョン間を相互に連結するリージョナル・ネットワークの形成が望まれる．つまり，海外子会社群を連結するリージョナル・ハブのグローバル・ネットワークである．このタイプに該当する外国企業は，IBM，フィリップス，ノキア，インテル，コカコーラがあり，日本企業では，ソニー，キヤノンがあげられる．

第4のモデルは，ホーム・リージョンよりもホスト・リージョンの戦略的重要性が高まり，このため，ホスト・リージョンに焦点が置かれたホスト地域志向戦略（host-oriented strategy）である．これは，ホスト・リージョンがホーム・リージョンの戦略的重要性を上回る場合であり，たとえば，売上高が日本国内より北米リージョンの方が高いホンダがこれに該当する．

このようにマルチ・リージョナル戦略は，ホーム・リージョンに焦点を当てるホーム地域志向戦略，ホーム・リージョンとホスト・リージョンに焦点を当てるバイ・リージョナル戦略，トライアド・リージョンを焦点化するトライ・

リージョナル戦略（あるいは，4つのリージョンに焦点を当てる場合，クォード・リージョナル戦略（quad-regional strategy）とよべる），さらにホスト・リージョンに焦点を当てたホスト地域志向戦略の4タイプに分類されるが，通常，マルチリージョナル戦略は，企業の発展と成長に伴い，「ホーム地域志向」から「バイ・リージョナル」「トライ（またはクォード）・リージョナル」を経て「ホスト地域志向」へ進展するものと考えられる．たとえば，ホスト地域志向に該当するホンダは，設立当初，国内を中心としたホーム地域志向からスタートし，北米市場の進出によりバイ・リージョナルへ進化し，北米市場の大成功が国内市場における業績を追い越し，今日，ホスト地域志向に達したとも解釈できるのである．

3. 地域本社とは何か

地域本社に関する議論は実にさまざまである．たとえば，地域本社を本社と子会社の間に介在する知識・ノウハウの「ミドルマン」や「ブローカー」，世界中に点在する知識や能力ともっとも最適なオペレーションを連結する「ミッシング・リンク」やこれらを引き寄せる「マグネット」，さらに世界中から学習する「装置」「戦略的な窓」「学習プラットフォーム」とする積極的な指摘もあれば，地域本社とは，本国本社に代わって地域マネジメントを担う，いわば"下宿の管理人"の役割にすぎず，本来の役割を十分に果たしていないとする批判的な指摘もまた存在する．

地域本社の歴史は，1960年代まで遡ることができる．当時のアメリカ企業では，国内の不況やリセッションの対策として欧州市場へ積極的に投資を行ったが，この際，欧州市場における子会社オペレーションをスムーズに展開するため，欧州市場を統括する欧州本社（european headquarters）制を導入した．ところが，欧州本社の導入は，マネジメントにおいて余分な階層化をもたらした．つまり，アメリカの本国本社スタッフと海外子会社スタッフとの間に欧州本社スタッフが割り込むため組織が多階層となり，これにより収益性の低下，

マネジメントコストの増大を招き失敗した．一方，日本企業で地域本社が活発化したのは，1980年代半ば頃だといわれている．1985年のプラザ合意以降，日本企業の海外直接投資が飛躍的に拡大し，それに伴い日本企業の間で地域本社制の導入が本格化したものと考えられる．

地域本社の役割とは何か．ここでは3つの役割を指摘したい．第1は，域内に広く分散した海外子会社群を統制・管理する「戦略センター」の役割である．第2は，国ごとにインサイダー化を図る海外子会社群を後方から助ける「支援管理センター」の役割である．第3は，コスト競争から学習競争への転換という，近年みられる新しい企業間競争のダイナミズムから，「知識センター」の役割である．

「戦略センター」は，地域戦略の立案と実施・運営を主な目的とする．これは，域内におけるアライアンス戦略の推進やリージョナル・ネットワーク内における知識移転および子会社イノベーションの演出などである．

これに対し「支援管理センター」は主に2つの目的があり，ひとつは域内海外子会社群のオペレーション調整である．予算管理，業績管理，キャッシュフロー管理，子会社監査，投資判断など，いわばオペレーショナル・ヘッドクォーターとしての機能である．もうひとつは，域内海外子会社を製造や販売など，主活動に専念させ，人事，法務，財務，能力開発，調達，物流，マーケティング，広報などの支援管理活動は，本国に代わりこれを肩代わりすることである．このような支援管理センターとして機能する地域本社と類似するモデルとして，最近，シェアード・サービス・センター（Shared Service Centre：SSC）を導入する企業が増加している．SSCは，各拠点で実施している間接業務を1ヵ所に集約して独立採算性の組織を作る企業変革の一手法であり，その目的とは，間接業務機能の強化と業務コストの削減である．SSCは，経済合理性を重視する欧米企業には容易に理解されたが，人本主義が浸透する日本企業では，これまでその導入には否定的であった．ところが，近年のグループ経営の変革から，グループ内の間接部門をスリム化する動きが強まり，SSCを導入

するケースが急増している．たとえば，松下電器産業では，グループ各社に分散する人事・厚生部門を統合し，新たに設置された「人事サービスカンパニー」にこれを集約化している．

戦略センターがさまざまな演出をしかけるのに対し，つぎに述べる「知識センター」は演出の源泉となる知識・ノウハウの学習と蓄積を主な目的とする．「知識センター」は，海外子会社が保有するベスト・プラクティスを発掘・学習・吸収を通じて，知識・ノウハウを蓄積または資源をプーリングするようなセンターとしての機能であり，いわば，コンピュータのメモリのような働きを意味する．世界が知識経済（knowledge economy）へと突入し，新たな競争優位の源泉として絶えざる学習とイノベーションの創発が求められている現在，グローバル企業の知識学習と蓄積行動の重要性は高まる方向にあるが，こうした知識管理をすべて本国本社に集約させ，海外子会社がバラバラに管理するよりも，各地域拠点が域内の知識管理の責任を負い，地域を基点としたグローバル組織の形成が将来的には主流となる可能性が高い．

4. 地域本社の類型化

地域本社とは，本国本社と域内子会社群の関係性の中で位置づけられるべきである．地域本社の基本的なあり方は，「域内における現地オペレーションの調整」と「本国本社との調整」という2つの関係性によって決定されるからである．そこで，本国本社と地域本社の関係をタテ軸に取ると，地域本社のタイプは，本国本社のイニシアチブに依存するタイプと逆に自立したタイプに区別が可能である．一方，地域本社と域内子会社群の関係をヨコ軸に取ると，地域本社は，域内子会社群を緩やかに調整する（loose coupling）タイプと域内子会社群をタイトに統制・コントロールする（tight coupling）タイプに大きく分けられる．そして，これらのクロスから地域本社は，それぞれ4つのタイプに分類することが可能である（図表10－4）．

第1は，本国本社への依存度が高く，域内子会社の調整を重視するタイプで

図表10-4 地域本社の類型化

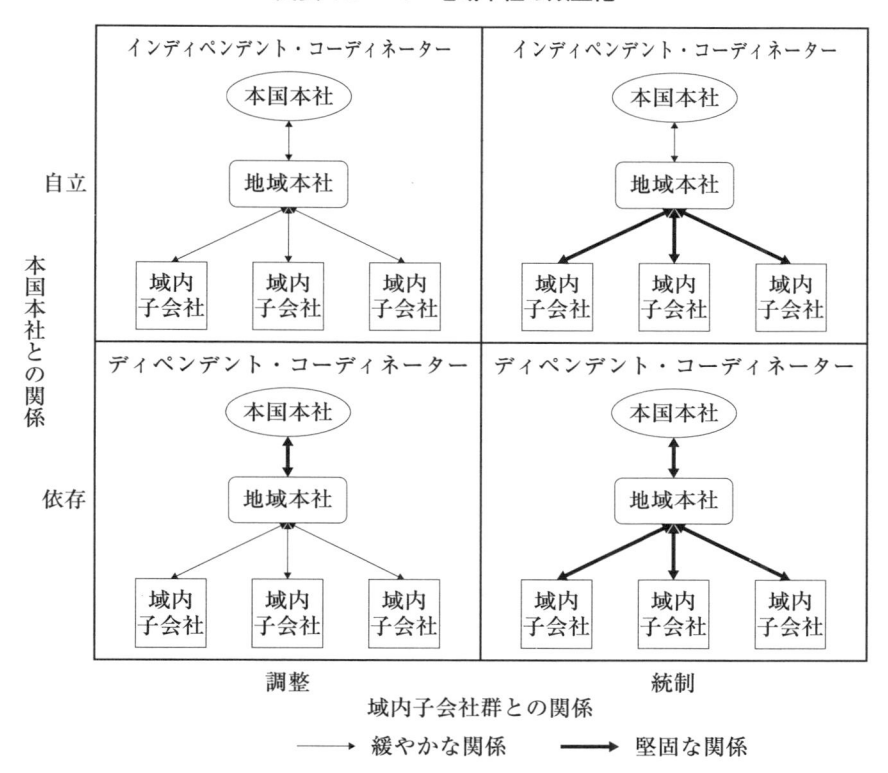

	調整	統制
自立	インディペンデント・コーディネーター（本国本社 ⇔ 地域本社 → 域内子会社群、緩やかな関係）	インディペンデント・コーディネーター（本国本社 ⇔ 地域本社 ⇔ 域内子会社群、堅固な関係）
依存	ディペンデント・コーディネーター（本国本社 ⇔ 地域本社、堅固；地域本社 → 域内子会社群、緩やか）	ディペンデント・コーディネーター（本国本社 ⇔ 地域本社 ⇔ 域内子会社群、すべて堅固な関係）

（縦軸：本国本社との関係　横軸：域内子会社群との関係）

→ 緩やかな関係　　⇒ 堅固な関係

あり，ここでは便宜上，ディペンデント・コーディネーター（dependent coordinator）と命名しよう．このタイプに該当するのは，90年代初頭におけるソニーだろう．当時，同社の副社長で現ソニー生命社長である岩城氏は，91年のダイヤモンド・ハーバードビジネスでつぎのように語っている．一部を抜粋すると，地域本社の役割とは，現地のオペレーションをサポートすることである．本国本社との役割分担は，東京（本社）がコーポレートレベルの意思決定を行い，統括（地域本社）がオペレーショナルな統括を行う．つまり，地域本社とは，オペレーショナル・ヘッドクォーターという概念であり，戦略ヘッドクォーターではない．ソニーのリージョナル体制とは，生産やR&Dの海外

シフトに伴い，その地域におけるオペレーションは自主的にできるものは，全部ローカライズしてもよいという意味であり，完全自主的に地域が独立するものではないと述べている．

　第2は，本国本社に対する自立度が高く，域内子会社の調整を重視するタイプであり，ここでは便宜的にインディペンデント・コーディネーター（independent coordinator）と名づけよう．おそらく，このタイプに該当する企業はホンダにちがいない．ホンダの北米地域本社は100%ホンダ出資であるものの，本社への依存度は弱く自立性は高いものとなっている．他方，地域本社は，域内子会社間の調整に焦点が置かれている．地域本社がイニシアチブをとって域内子会社群をコントロールすると，現地の主体性が失われるだけでなく，顧客ニーズまで見失う危険性が発生するからである．

　第3は，本国本社への依存度が高く，域内子会社の統制を重視するタイプであり，ここではディペンデント・コントローラー（dependent controller）と命名しよう．このタイプの具体的な事例企業は見当たらなかったが，該当する可能性の高いケースとしては，1990年代までの松下電器産業の地域本部制がこのタイプに近いかもしれない．当時の松下では，米州本部，欧州アフリカ本部，アジア中近東本部という3地域本部制を導入していたが，これらの上部機関として海外企画室が存在し，コア・スタッフたちが現地をコントロールしていた．

　第4は，本国本社に対する自立度が高く，域内子会社の統制を重視するタイプであり，ここではインディペンデント・コントローラー（independent controller）とよぼう．このタイプに該当する企業は，近年の松下電器産業だろう．松下では国内の地域本部を解体し，大幅に権限と責任を移管することで中間持株会社とした地域本社が域内子会社群への出資や投資回収責任を負うというタイトなコントロールを担う形態を構築しつつある．つまり，本国本社，地域本社，域内子会社という組織間関係を曖昧にせず，出資形態を明らかにし，投資に対するリターン責任を追求するビジネス・ライクな関係に切り替えることで自己責任制の高い国際組織の形成に転換を試みている．

演・習・問・題

問1 地域化の動きについて述べなさい．
問2 多国籍企業における「グローバルな統合」と「ローカルな適応」問題に対するソリューションについて説明しなさい．
問3 地域本社の類型化について述べなさい．

参 考 文 献

Rugman, A. M.（2000）*The End of Globalization*, Random House.
Rugman, A. M.（2005）*The Regional Multinationals: MNEs and "Global" Strategic Management*, Cambridge University Press.
松崎和久（2005）『トライアド経営の論理』同文舘
大前研一（1985）『トライアド・パワー：三大戦略地域を制す』講談社

《推 薦 図 書》

1. 大前研一（1985）『トライアド・パワー：三大戦略地域を制す』講談社
   トライアドという概念を開発し，世界地域戦略について触れた好書．
2. 三菱総合研究所経営開発部編（1992）『日本企業のグローバル戦略』ダイヤモンド社
   アンケート調査から日本企業のグローバル戦略の実態と未来を著した書．
3. 森樹男（2003）『日本企業の地域戦略と組織：地域統括本社制についての理論的・実証的研究』文眞堂
   地域ベースの戦略と組織の理論的研究を実施した書．

第IV部
組織変革と学習組織

- 第IV部 組織変革と学習組織
  - 第11章　組織文化
  - 第12章　学習する組織の開発
  - 第13章　近未来型組織のゆくえ

- 第I部　経営組織
- 第II部　組織構造のデザイン
- 第III部　組織ハブとしてのコーポレート本社

経営組織
オーガニゼーション

第11章の要約

　組織文化とは，組織メンバーに共有された価値観および特徴的な行動パターン・慣行である．組織文化への関心は，80年代の日本企業の強さを観察する中で，ビジョン，価値観，理念といったソフト面への注目がなされたことが契機になったといってよい．当初は文化の「強さ」といった側面への関心が中心であったが，その後，イノベーションとの関係などから，下位文化の存在やその機能へと関心の拡大がみられる．組織文化は，① 判断基準の設定，② コミュニケーションの円滑化，③ 個人のやる気や挑戦意欲の向上という3つの機能を果たすとされる．一方，① 価値観，思考様式の均一化，② 自己保存，自社の組織文化への過度の固執といった，組織にマイナスの影響を与える「逆機能」を引き起こすこともある．組織文化と組織効率の関係に注目したデニソンは，① 戦略の方向（「内部」あるいは「外部」）および ② 戦略の内容や特性（「安定性や方向づけ」あるいは「変化と柔軟性」）から統合モデルを提示しており，適応性，参加，一貫性，ミッションという4つの組織文化の特性が統合される必要性を主張している．いったん根づいた組織文化は，いつまでも陳腐化しないものではない．環境の変化や時間の経過とともに，見直しや更新がなされなければ，逆機能が作用し，環境変化に適応できないことになる．組織文化の変革プロセスは，解凍→変化→再凍結という形で表されるが，そこではトップ・マネジメントのリーダーシップ，主導性が重要になる．組織文化を変革するためには，組織内に，「規律」「サポート」「信頼」「ストレッチ」という4つの環境特性が構築されていることが必要になる．

第11章　組織文化

1. 組織文化の基礎概念

(1) 組織文化とは何か？

　組織文化とはどのようなものなのだろうか．なにやら難しい話になりそうだが，まず，身近な例でおおよその姿をとらえておくことにしよう．読者もさまざまな学校に在籍している（いた）と思われるが，それぞれの学校には，独自の校歌や校則があり，また先輩から受け継いできた伝統といったものがあるだろう．これらがいわゆる校風といったものをつくり上げる．これによって，たとえば，A大学とB大学では「大学」という形態に変わりはないが，全く異なった雰囲気をもつようになるのである．しかも，A大学の学生とB大学の学生では，そのような校風の影響もあり，個人のレベルでも特有の行動パターンを示すようになる．このような校風や雰囲気は，バンカラ，スマート，自由，管理が厳しい…等々の形容詞で表されることも多い．読者も，どこかで耳にしたり，仲間との何気ない会話の中でふと使ったりしているのではないだろうか．

　この校風のような，目にはみえないが組織に特有の雰囲気，あるいは空気のようなものは，学校組織だけではなく，役所，企業，野球の球団，サッカーのチームといったさまざまな組織に存在している．たとえば，トヨタとホンダ，巨人と阪神では，前者は自動車会社，後者は野球の球団といった点では共通しているが，会社やチームのイメージ，自動車をつくる「やり方」，野球（攻撃）の「やり方」は互いに異なっている．本章で扱う組織文化とは，このような組織がもっている目にみえない独特な雰囲気を表すものである．

　ここできちんと定義しておくことにしよう．本章では，組織文化を「組織メンバーに共有された価値観および特徴的な行動パターン・慣行」として定義する．この定義からもわかるように，組織文化は，組織内に深く浸透した目にみえない価値観，および組織内に日頃から認められ，あるいは目にされている特異な行動パターン・慣行という2つの要素から構成されている．組織の価値観

とは，組織を構成する人びとが，何が大切で，何が大切でないか，何に価値を見出しているか，ということを共有しているものであり，組織のもっとも土台の部分となる．「わが社は顧客を大切にする」というような価値観が，メンバーの間で共有されているということである．一方，組織の特徴的な行動パターン・慣行とは，組織内で共有された価値観が個々のメンバーの内面に浸透し，無意識のうちに，その組織ならではの共通の行動となって表れたものであり，比較的目にみえやすく，外部からも観察しやすいものである．「わが社では，顧客からのクレームに何をおいてもすばやく対応する」という社員共通の行動パターンとして表れるものを指している．

　大切なことは，これら2つの構成要素である価値観と行動パターンは，独立して存在するものではなく，相互に影響しあうということである．たとえば，顧客を大切にするという価値観が組織に存在していると，それまであまり顧客と接したことがない人でも，周囲の対応をまねて，顧客からのクレームの電話に迅速に対応するような行動をとることができるようになるだろう．逆に，自動車の設計部門一筋であまり顧客と接してこなかったような人が，配置転換などで営業や販売に携わるようになると，折にふれて顧客の要望をきいたり，考えたりするようになり，そのような行動を日々とる中で，顧客のニーズが大切であるといった価値観をもつようになるということも考えられる．これらの例で明らかなように，価値観が行動を生み，行動することで価値観の認知，共有がなされるのである．

(2) 組織文化への関心の高まり

　組織文化という概念が広く知られるようになったのは，1983年に『エクセレントカンパニー』および『シンボリックマネジャー』という2冊の書籍が出版されたことによる．1970年代，欧米企業ではPPMやPIMSといった戦略策定の手法を用いた，いわゆる分析的戦略論が花盛りであった．全米の有名大学のビジネススクールでMBAを取得したホワイトカラーが，これら手法を駆使

し，現場の状況を無視した机上の計画をたて，それを現場に遺漏なく実行させるという状況が生まれていた．しかし，これら手法による過度の合理性や客観性の追求が，「分析麻痺症候群」といわれる状況を引き起こし，環境変化に柔軟に対応できず，結果として企業業績の悪化をもたらしてしまったのである．

そのような状況の中，凋落著しい欧米企業を尻目に，繁栄を続ける日本企業の行動に注目が集められることになった．その観察から，日本企業の強さとしてビジョン，価値観，理念といったソフト面への注目がなされたことが，組織文化研究の契機になったといってよい．つまり，規則に縛られた管理（構造）よりも，価値観や理念といった要因によって，組織における人びとが柔軟な行動をとることを促すようなマネジメント（ソフト）が企業業績と強く結びつくと考えられたのである．

(3) 組織文化の「強さ」と下位文化の存在

① 「強い」組織文化とは何か？

組織文化研究において，まず注目されたのは，組織文化の「強さ」というテーマである．

いったい組織文化の「強さ」とはどのような現象なのだろうか．簡単にいうと，ある特定の価値の重要性について，組織メンバーの間に合意が得られている程度のことである．このような価値の重要性について，組織内に広くコンセンサスが形成されている場合，「強い」組織文化をもつ企業ということになるのである．つまり，ある特定の価値を組織メンバーの誰もが同じように重要なもの，大切なものと考えているような状況である．強烈で個性的な価値観を共有し，一糸乱れず行動をとることができる企業のイメージである．たとえば，「顧客のことを第一に考える」といった価値観を組織メンバーがみな同じように重要なものと認識している場合，その企業は「強い」文化をもっているということになる．

初期の研究では，このような「強い」組織文化をもった企業ほど，高い業績

を得ることができると考えられていた．というのは，第1に，「強い」組織文化は明確な行動指針や方針を示すことになり，それによって，個々の社員はどのように行動すべきか，ということをしっかりと理解できるからである．第2に，「強い」組織文化が個々の社員に浸透していることで，彼らの組織への愛着感や忠誠心が高まり，仕事への興味や意欲が増し，積極的に取り組もうとするようになるからである．

しかし，このような「強い」組織文化は常によいものとは限らない．後に議論するように，外部の環境変化のスピードが速く，不連続で激しいような場合，「強い」組織文化をもった企業は，柔軟性を失っているため，環境変化に適応できず，生存も危うくなるということが起こる．かつて恐竜は，地球上でもっとも繁栄した生物であったが，これは当時の環境に強く適合していたことが原因のひとつといわれる．しかし，氷河期という急激な環境変化に直面したとき，彼らはそれ以前の環境に適合しすぎていたため，この変化に適応できず，絶滅という終焉を迎えるに至ったのである．この例は，あまりに「強い」組織文化が浸透し，組織が硬直化してしまうと，環境変化に適応できなくなることを示すものとなっている．

② 下位文化の存在

一般的な企業，とくに大企業はさまざまな部署や階層から構成されている．このような場合，どの部署や階層も同じような組織文化をもっていると考えてよいのだろうか．実際には，製造部門，販売部門，総務部門では，そこで働く社員が共有する価値観や行動パターンは異なってくる．また，性別，年齢，職種，出身大学というような属性によっても，価値観や行動パターンは異なったものとなる．このように，現実の企業の中には，ある職場や機能集団を単位とする「下位文化」（サブ・カルチャー）とよばれるものが存在しているのである．これは部門文化，あるいは職場文化といわれるものである．

では，このような下位文化の果たす役割とはどのようなものだろうか．組織が多様な下位文化をもつということは，異なった価値観や考え方のできる部署

や職場が多く存在しているということである．たとえば，全社的に解決しなければならない問題に直面したとき，異なった発想や考え方のできる複数の部署や職場が相互に交流し意見を交換したり，共同で問題解決に当たるならば，異なった情報の結合が発生し，それが画期的なアイデアを生み，従来の考え方とは異なった視点からの問題解決を促すことになるだろう．これは，企業の存続にとって必要なイノベーションの創造にもつながっていくのである．反対に組織の中が金太郎飴的な同一の思考しかできない場合，激しい環境変化に迅速に適応することは難しくなる．つまり，組織の中にさまざまな下位文化が存在していれば，組織としての多様性は高まり，視野も広がり，柔軟性は高まることになるのである．

しかし，下位文化の多様性は相互のコンフリクトを生むことにもなりかねない．全社的な方向性，価値観との適合性に欠けている場合，下位文化同士のコンフリクトが強くなりすぎ，結果としてカオス状態を生んでしまい，組織としての統一した目的や理念を追求することが困難になってしまう．下位文化の多様性はイノベーションの創造にとって重要な要件ではあるが，全社文化との適合，下位文化同士のコンフリクトの解消をいかに図っていくかという点でマネジメントの工夫が求められるのである．

2. 組織文化の機能と逆機能

（1）組織文化の機能

組織文化が組織の中で果たす役割・機能は，① 判断基準の設定，② コミュニケーションの円滑化，③ やる気や挑戦意欲の向上の3つに分けることができる（図表11－1）．

① 判断基準の設定

組織文化は，組織メンバーに対し，何が自分の組織にとって適切な行動か，どう行動することが組織内で高い評価を受けるのか，といったことを暗黙のう

ちに示している．このような判断基準が示されると，個人は意思決定や行動を起こす場合，いちいち上司や同僚に問い合わせたりする必要がない．つまり，意思決定のすりあわせが簡単にできるということである．それによって迅速な行動をとることができるようになるのである．

② コミュニケーションの円滑化

価値観や思考様式を共有することで，組織メンバー相互のコミュニケーションを容易にし，円滑にすることが可能になる．仕事を協力して行っていく際に，世界観や物事の基本的な価値観が異なっていると，まずはその部分でのすりあわせや調整が必要になり，なかなか本題の仕事にとりかかれないことになってしまう．グローバルな環境で異文化コミュニケーションを行っていく際に，価値観や考え方のすりあわせに時間がかかるのと同じことである．

つまり，ある出来事の解釈や意味づけを行う価値観が共有されていることで，それが何を意味しているのか，どのような意義をもっているのか，といったことについて，組織メンバーが同じように，同一の情報から抽出することができるようになるということである．また，コミュニケーションの際に使用される言葉の意味も正確に通じるようになるのである．

③ やる気や挑戦意欲の向上

組織メンバーのコミュニケーションが円滑化し，意思の疎通がうまくできるようになると，お互いに一体感や信頼感が生まれることになる．組織への一体感が高まることで，仕事にも当事者意識をもって，積極的に関与しようとするようになる．また，組織内に信頼が醸成されていれば，不毛な政治的行動も少なくなり，お互いに協力して，気持ちよく働けることにもなる．これらは，組織メンバーのやる気や新しいことへの挑戦意欲を喚起することにつながっていくのである．

(2) 組織文化の逆機能

組織文化にはプラスに機能する面とは逆に，組織にマイナスの影響を与える

図表11－1　組織文化の機能

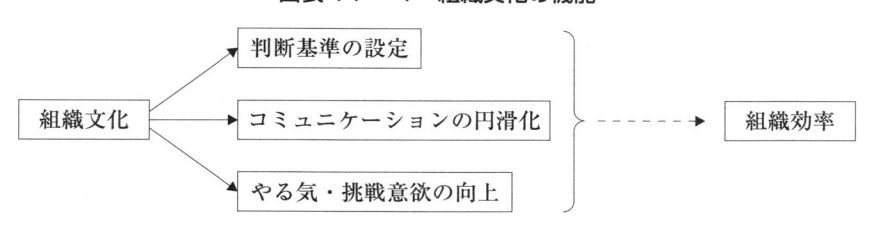

組織文化 → 判断基準の設定
　　　　 → コミュニケーションの円滑化　------→　組織効率
　　　　 → やる気・挑戦意欲の向上

機能もある．これは組織文化の「逆機能」と呼ばれる現象である．組織文化の「逆機能」として，ここでは①価値観，思考様式の均一化，②自己保存，自社の組織文化への過度の固執の2つの側面を考えることにする．

①　価値観，思考様式の均一化

組織内の価値観や思考様式の組織メンバーによる共有化が進むと，次第に組織内が均一化し，過度に「強い」文化が出現するようになる．組織がこのような状態になると，組織メンバーの思考や行動パターンも固定化し，新たなアイデアや逆転の発想といったものが生まれにくくなり，環境変化に適応することが困難になってしまうのである．つまり，どこを切っても同じ顔が現れる「金太郎飴」状態になってしまい，多様性や柔軟性が失われてしまうということである．

環境が安定しているときには，従来の考え方の延長で問題解決を図ることも可能である．しかし，環境変化が不連続で激しいときには，従来の価値観や思考様式を打ち破るような発想の転換が求められる．しかし，価値観や思考様式が過度に画一的になると，個人の自由な発想は妨げられてしまい，思考の多様性も奪われることになってしまう．これでは画期的でユニークな発想は出てこないだろう．また，個人が自由な発想で考えることや行動することができないため，新しいことへのやる気や挑戦意欲も失われてしまうという心配もある．

②　自己保存，自社の組織文化への過度の固執

組織メンバーが自社の組織文化に対し，過度に固執するようになると，組織

に強い自己保存の本能が働くことになる．この結果，既存の組織文化を無意識的に守ろうとするようになり，環境変化に応じて臨機応変に対応することが困難になってしまうのである．組織への思いや愛着をもって仕事に打ち込むことはもちろん悪いことではない．しかし，無意識のうちに組織文化を守ろうとすることで，かえって組織の存続の基盤を壊すことになりかねないのである．

では，なぜ，このような無批判に組織文化を防衛しようとする行動が生まれてしまうのだろうか（伊丹・加護野，2003：368）．第1に，「強い」組織文化が浸透しているため，既存の価値観や思考様式以外の視点をもつことができず，人びとは自らの「思い込み」から判断するようになってしまうからである．既存の組織文化を無意識で守ろうとする慣性が働いてしまうのである．第2に，意識的に組織文化を守ろうとする「しがみつき」といったことも原因としてあげられる．人は自分の価値観は正しく，自分の知っていることが重要だと思いたい性質をもっている．それが自己のアイデンティティの主要な部分を占めるためである．その結果，環境変化に適合しないような場合でも，自分に都合のよい既存の組織文化を守ろうとしてしまうのである．

3. 組織文化と組織効率

(1) 組織文化とパフォーマンス

先にみたように，従来は「強い」組織文化こそ企業業績（パフォーマンス）の源泉ととらえられてきたといってよい．しかし，環境変化が激しくなる中で，過去の成功体験にとらわれていると，組織文化の逆機能が始まり，結果として新たな挑戦がなされず，環境変化に対応できないといった「成功の罠」に陥ってしまうことになりかねない（図表11－2）．

デニソン（Denison, D. R., 1990）は，従来の組織文化研究においては，組織文化，マネジメント要因，組織のパフォーマンスや効率の相互の関係に焦点が当てられることがほとんどなかったことを指摘し，図11－3にみられるような，3者の関係を分析するフレームワークを提示している．さらに，この図をもと

図表11-2 成功の罠

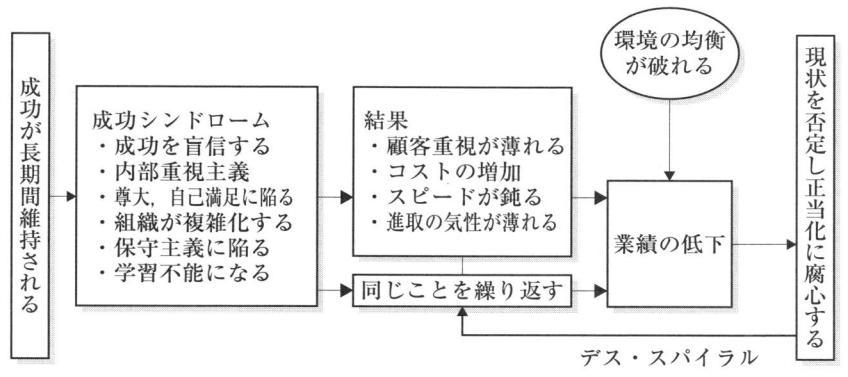

```
成功が長期間維持される
  →
成功シンドローム
・成功を盲信する
・内部重視主義
・尊大,自己満足に陥る
・組織が複雑化する
・保守主義に陥る
・学習不能になる
  →
結果
・顧客重視が薄れる
・コストの増加
・スピードが鈍る
・進取の気性が薄れる
  →
環境の均衡が破れる
  →
業績の低下
  →
現状を否定し正当化に腐心する

同じことを繰り返す
デス・スパイラル
```

出所) Nadler, D. A., Robert B. S. and A. E. Walton, 邦訳（1997：57）.

に，組織文化と組織の効率との間には，以下のような4つの関係が成り立つことを指摘している．

第1に，組織効率は，組織メンバーによって保有，共有されている価値と信念の関数である．メンバーに共有された信念や価値が，共通の目的達成に向けた一貫性を組織内につくり，人びとの活動を統一したものに調整していくことで組織効率が達成されることを示している．第2に，組織効率は，組織によって利用される政策やマネジメントの慣行の関数である．これは，組織内で発生するコンフリクトを解決したり，職務設計を行ったり，意思決定を行う一定の方法がよりよいパフォーマンスを生むことを示している．第3に，組織効率は，中核となる共有された信念や価値を，一貫した方法で政策とマネジメント慣行に変えていくことの関数である．つまり，中核となる信念や価値を経営トップがビジョンという形で表し，それが組織メンバーの行動を通じて体現されるということである．第4に，組織効率は，中核的な信念や価値，組織の政策やマネジメント慣行，環境という3つの要素の相互作用の関数である．

しかし，これらの要素の関係性を指摘するだけでは，組織効率にかかわるプロセスを明らかにすることはできない．どのような特性をもった組織文化が，

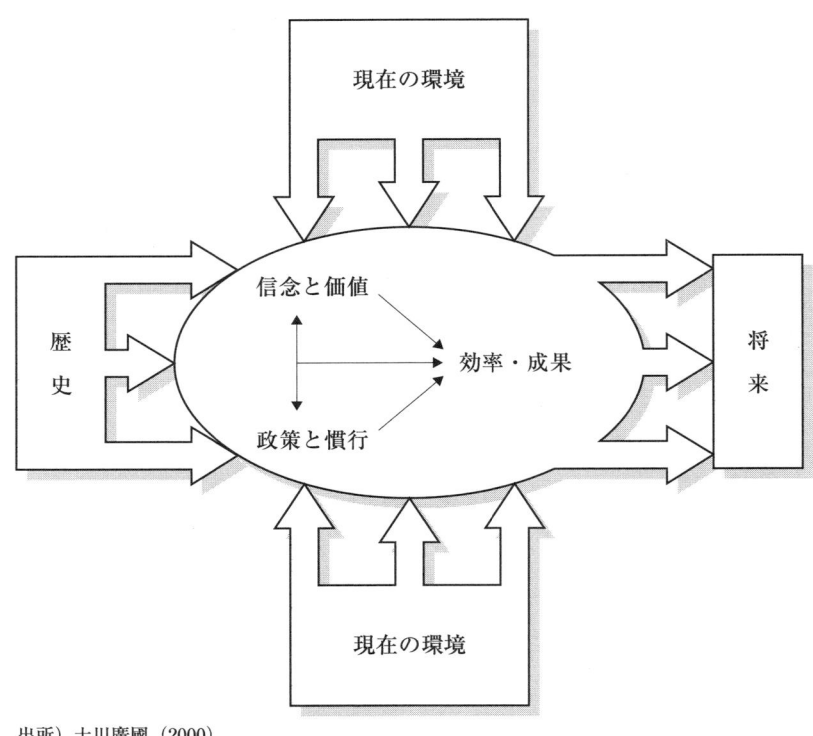

図表11－3　組織文化と組織効率研究のフレームワーク

（現在の環境）

歴史 → [信念と価値 / 政策と慣行 → 効率・成果] → 将来

（現在の環境）

出所）十川廣國（2000）

どのようなマネジメント・プロセスを形成し，それがどのように組織効率に結びついてくるのか，という点が明確になっていないからである．

(2) 組織文化の統合モデル

以上のような課題を解決するため，デニソンは組織効率という視点から，組織文化の統合的モデルを提唱し，適応性，参加，一貫性，ミッションという4つの組織文化の特性が統合される必要性を主張している（図表11－4）．これらを統合する際の基軸は，① 戦略の方向が組織「内部」に向けられているか，あるいは「外部」環境に向けられているか，② 戦略の内容や特性として「安

図表 11 − 4　組織文化の統合モデル

外部

適応性	ミッション
参加	一貫性

内部

変化と　　　　　　　　　　　　　　　　　　安定性
柔軟性　　　　　　　　　　　　　　　　　　方向づけ

出所）Denison, D. R.（1990）より抜粋

定性や方向づけ」を重視したものか，あるいは「変化と柔軟性」を重視したものか，という2つである．ここでは，図表11 − 4に従い，まず個々の組織文化の特性についてみていくことにしよう．

① 「適応性」文化：外部環境からのシグナルを感知し，それを解釈し，新たな組織行動に変換していくような対応ができる点に特徴をもった文化である．単に，外部環境の変化に迅速な反応ができるだけでなく，学習的な対応ができるということである．具体的には，イノベーション，創造性，リスクテーキングといった項目が重視されるような特性をもつものである．

② 「ミッション」文化：外部環境に対する組織の目的についての明確なビジョン，その目的を果たすための売上，収益，市場シェアの向上といった目標の達成が重視される文化である．

③ 「参加」文化：今までの2つの文化は，ともに戦略の方向性が外部に向けられていた．これに対して，「参加」文化と次の「一貫性」文化は，組織の内部に焦点を当てるものである．「参加」文化では，従来，組織行動論の研究で扱われてきた従業員の参加や関与といった要因が重視される．参加や関与によって，従業員の帰属意識，愛着感，責任感は高まることになる．それによっ

て，彼らは創造性を発揮するようになり，急速に変化する外部環境にも適応できるようになり，結果として組織効率に結びつくと考えられるのである．

④ 「一貫性」文化：従来から重視されてきた「強い」文化の概念であり，内部の整合性が重視される文化である．共有化された価値や信念は，組織メンバー間の暗黙の調整とコントロールにより，高度な統合性と効率を生み出し，組織効率にプラスの影響を与えるのである．

ここで重要なことは，以上のような4つの組織文化の特性は，個々バラバラに存在するのではなく，相互に関連するものであり，組織効率を考慮した場合，統合される必要があるということである．ここで統合について，まずは分析枠組みのヨコ軸にそって考えてみることにしよう．「適応性」と「参加」を志向する組織文化は，組織に多様性をもたらし，直面するさまざまな問題に多くの解決策を提示することができ，絶えず激しく変化する環境にも迅速かつ柔軟に適応することが可能になる．一方，あまりに「ミッション」や「一貫性」といった内部を志向する特性に偏ってしまった場合，安定性とコントロールが重視され，組織内部の整合性や効率に焦点が当てられてしまい，環境変化への対応に必要な多様性を失ってしまうことになるのである．つぎに，タテ軸にそって考えてみよう．組織文化の役割として，組織内部で社員のコミットメントを高め，当事者意識をもつように仕向けるには，「参加」「一貫性」という特性が必要である．しかし，同時に組織は外部環境の変化に適応していかねばならないため，「適応性」「ミッション」といった外部志向の特性も併せもつ必要があるということになる．

このような主張からもわかるように，従来のような「強い」組織文化が存在していれば，組織効率を達成できるというような単純なものではないのである．「強い」文化をもった企業は，環境変化に柔軟に対応できなくなる可能性もあり，その場合は変化と柔軟性の特徴をもった組織文化への変革ということを考えねばならなくなるのである．

4. 組織文化の変革とマネジメントの課題

(1) 組織文化の変革プロセス

　いったん生成され，組織内で共有された組織文化も，環境変化に適応して，変革していかねばならない．先にみたように，「強い」組織文化のままでは，「成功の罠」に陥ってしまい，組織効率を達成することはできなくなるからである．では，いったん組織に根づいた組織文化を変革していくには，どうしたらよいのだろうか．

　組織文化の変革プロセスにはさまざまな考え方がある．ここでは，河野(1988)の議論に従い，「解凍→変化→再凍結」という基本的なプロセスについて概観していくことにする．

　① 解凍（アンフリーズ）

　解凍は，既存の組織文化の診断を行い，問題点を明確にし，現状を否定しつつ，変革への動機づけを行う段階である．つまり，従来の価値観や思考様式を破壊することが中心となるのである．組織文化の診断では，環境と組織文化との適合，自社の戦略と組織文化との適合，組織文化が新たな戦略を生み出しうるものなのか，組織メンバーにどのような価値や思考様式が浸透しているのか，といった点をみていく必要がある．また，既存の価値観や思考様式を打破するため，現状にとどまることの危険性や罪悪感を高め，危機感を醸成していくことも必要になる．

　② 変化（チェンジ）

　変化の段階では，新しい価値や思考様式，行動を学習することが中心テーマとなる．ここでは，新しい考え方を教える，模範的な行動をみせる，自ら問題を解かせる，新しい体験をさせる，新しい行動を強制するといったことが重要になる．具体的には，新たな経営理念の制定，役割モデルとなるリーダーの選定，長期計画の立案，新製品開発，人事制度の変革といった方法が用いられることになる．

③　再凍結（リフリーズ）

　再凍結は，新たな価値観や思考様式，行動が個々の組織メンバーに内面化され，定着するように仕向ける段階である．つまり，変化を固定化，継続化させることが主要なテーマとなる．変化の段階で，個人が新たな価値や思考様式，行動を学習したとしても，職場で仲間が従来どおりの行動をしていたら，もとに戻ってしまうだろう．変化を固定させ，行動が逆戻りしてしまうことを防ぐには，賞罰などの人事制度を利用することが必要となる．新しい行動パターンを評価し，古い既存の行動パターンを否定することで社員は変化を固定化させるようになる．さらに，絶えず新製品開発，組織変革，人事異動などを行い，変化を停滞させないことも必要になる．

(2) 組織文化の変革におけるトップ・マネジメントの役割

　いったん根づいた組織文化を変革していくのは容易なことではない．組織文化の変革プロセスにおいて，もっとも重要となるのがトップ・マネジメントの役割である．具体的にトップはどのような役割を果たすのだろうか．組織文化の変革は，自社の組織文化の特性を診断し，問題点を洗い出し，既存の価値観や思考様式を否定して新たなアイデンティティを確立するものである．このような変革を推進するため，トップは，まず将来ビジョンを提示し，変革の方向性や大枠を示すことが重要になる．これらビジョンが変革の内容を打ち出すものとなるが，企業の将来に向けて実現されるべき目的が明確にされている必要がある．

　トップには，従来考えられていたように，将来についての綿密な計画を立てることよりも，将来を洞察し，大まかな見取り図を描き，それをビジョンという形で組織内に示し，組織に理解，共鳴，浸透させるとともに，ビジョン達成に向けて組織を牽引していくようなビジョナリー・リーダーシップを発揮することが求められているのである．

　しかし，単にビジョンを提示するだけで変革が成功するわけではない．多く

の組織メンバーが組織文化変革の活動に当事者意識をもって関与していかなければ，変革の成功は覚束ない．ビジョンが組織内で理解，共鳴，浸透していくためには，ミドル・マネジメントがトップと一般社員との触媒の役割を果たさねばならない．トップはミドルとの相互コミュニケーションを活発化させ，情報のフィードバックも欠かさずに行い，ミドルの触媒としての役割がうまく機能するように仕向けることが重要になる．このようなトップとの密接な情報交流があれば，新たなビジョンがミドルにも十分理解され，彼らが有効的に触媒的機能を果たすことで，ビジョンも組織内に浸透し，新たな組織文化が根づくことになるのである．

（3）組織文化の変革を阻害／促進する組織的環境

　組織文化の変革を円滑に行うためには，どのような組織的な環境が必要なのだろうか．逆に，組織文化の変革はどのような環境のもとで阻害されることになるのだろうか．これらの点について，バートレッドとゴシャール（Bartlett, C. A. and S. Ghoshal, 1999）の議論に従って概観していくことにする．

　バートレッドらは，持続性のある自己変革を遂げられない組織内の環境特性として，「服従」「コントロール」「契約」「制約」の4つの要素をあげている（図表11－5）．「服従」が必要とされたのは，企業の多角化に伴い求心力が低下するのを防ぐために，社員を共通の方針や同じやり方に従わせねばならなかったためである．このような特性が浸透している場合，規範が病的なものになってしまうと，業務の手順が柔軟性を欠き，時代遅れのやり方に疑問を抱いたり，上からの命令について意味ある議論をすることができなくなってしまうのである．「コントロール」は資本計画や業務予算計画のシステムを開発し，トップ・ダウンでの管理を厳格に行うものである．「契約」は，企業と社員の関係が主に金銭を媒介とした契約に基づいているという点が強調される特性である．これは，報奨金の割合を高めた給与制度と大掛かりなリストラ，合理化，退職プログラムなどの実施によって組織内に浸透され，契約関係というものは

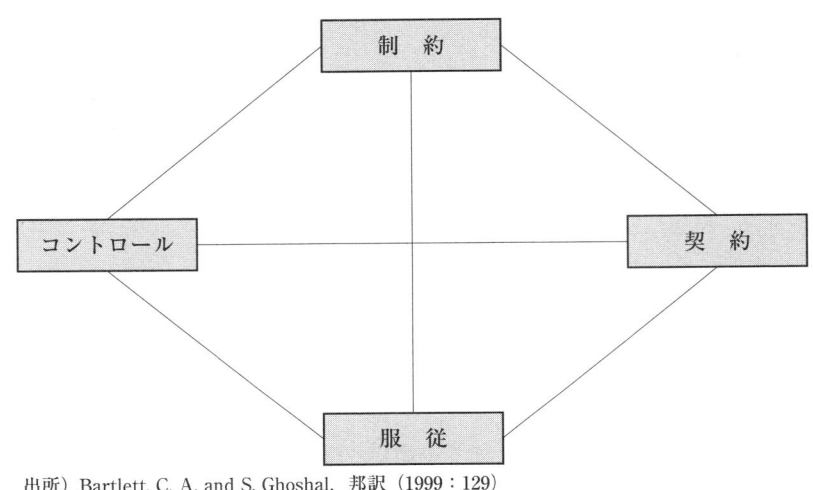

図表11-5　自己変革を阻害する行動環境

```
            制　約
           /  |  \
          /   |   \
   コントロール―――契　約
          \   |   /
           \  |  /
            服　従
```

出所）Bartlett, C. A. and S. Ghoshal，邦訳（1999：129）

いつでも打ち切ることができるという事実を強調するものとなったのである．「制約」という特性は，事業部制などの組織での責任範囲を明確に規定するものである．この特性があまりに強すぎると，事業部における部門意識が過剰に強くなってしまうことになる．このような4つの特性が相互関係をもって維持された場合，自己変革は阻害されることになってしまうのである．

　一方，自己変革を促進する組織内の環境特性としては，「規律」「サポート」「信頼」「ストレッチ」という4つの特性があげられている（図表11-6）．「規律」は，命令や方針にやみくもに従うものではなく，社員が見通しやコミットメントに基づいて行動するために，深く身についた規範であり，「服従」の代わりとなるものである．「サポート」は「コントロール」の代わりになるものであり，「コントロール」が支配していた上下の関係だけでなく，同僚同士の横のつながりも重視するものである．このような特性をもった企業では，上司と部下の関係は，指導，支援といったものになるのである．第3の特性である「信頼」は，組織のプロセスが透明でオープンな企業に生まれ，公正な経営慣

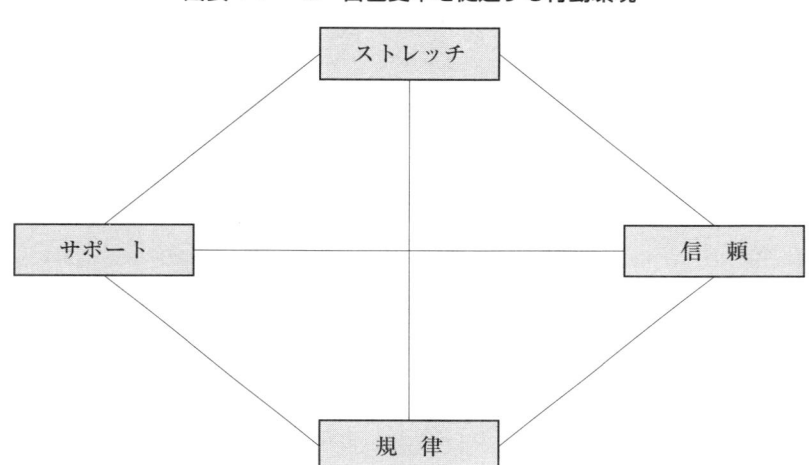

図表11－6　自己変革を促進する行動環境

```
          ストレッチ
         /   |   \
        /    |    \
   サポート---+---信  頼
        \    |    /
         \   |   /
          規  律
```

出所）図表11－5に同じ（1999：136）

行によって強化されるものである．具体的には，評価や報酬システムがオープンになることで信頼が醸成されることになる．信頼しあう社員は，互いの判断に依存し，互いのコミットメントを信じるようになるのである．「ストレッチ」は，個人の向上心を高め，自分や他人に対する期待値を高めるように奨励する特性である．そして，視野を狭め，活動の範囲を制限する「制約」とは対照的に，もっと野心的な目的に向けて人びとが邁進するように仕向けるものなのである．このような4つの特性を組織内に構築することで，自己変革が促進され，困難な組織文化の変革も達成されることになるのである．

演・習・問・題

問1　組織文化といった概念に関心がもたれるようになった理由について述べなさい．
問2　組織文化の機能および逆機能について説明しなさい．
問3　組織効率を向上させるような組織文化の特性について述べなさい．

参考文献

Bartlett, C. A. and S. Ghoshal, (1997) *The Individualized Corporation*, HarperCollins Publishers, Inc.（グロービス・マネジメント・インスティテュート訳『個を活かす企業:自己変革を続ける組織の条件』ダイヤモンド社, 1999年）

Denison, D. R. (1990) *Corporate Culture and Organizational Effectiveness*, Jhon Wiley & Sons.

Nadler, D. A., Robert, B. S. and A. E. Walton (1995) *Discontinuous Change: Leading Organizational Transformation*, Jossey-Bass.（斎藤彰悟監訳, 平野和子訳『不連続の組織変革 ゼロベースから競争優位を創造するノウハウ』ダイヤモンド社, 1997年）

伊丹敬之・加護野忠男 (2003)『ゼミナール経営学入門』日本経済新聞社

河野豊弘 (1988)『変革の企業文化』講談社現代新書

十川廣國 (2000)『戦略経営のすすめ:未来創造型企業の組織能力』中央経済社

《推薦図書》

1. 張虹・金雅美・吉村孝司・根本孝 (2004)『テキスト企業文化』泉文堂
   企業文化の基本的な概念を網羅した教科書である.

2. Peters, T. J. and Robert H. W. Jr. (1982) *In Search of Excellence*, Harper and Row.（大前研一訳『エクセレント・カンパニー』講談社, 1983年）
   組織文化の考え方が世に広まるきっかけとなった著書.

3. Schein E. H. (1985) *Organizational Culture and Leadership*, Jossey-Bass.（清水紀彦・浜田幸雄訳『組織文化とリーダーシップ』ダイヤモンド社, 1992年）
   組織文化の形成, 変革に興味がある読者には必読書.

4. 根本孝・テレフォーシュ吉本容子 (1994)『国際経営と企業文化』学文社
   国際経営における組織文化の概念整理と実証研究を行っている研究書.

第12章の要約

　世界的に重要な課題として注目されている学習する組織（Learning Organization）の基本的考え方を考察し，学習しない組織との違いを検討する．
　そこでまず，そして学習しない組織の典型である官僚的組織や大企業病の組織の特質を明らかにしたい．その上で学習する組織の6つの基本的条件について検討する．

第12章　学習する組織の開発

1. 日本企業は学習組織か

　アメリカのみならず欧州の経営者も学習する組織の構築が経営の重要課題であることはいくつかの調査が物語っている．しかし，わが国において"学習組織"論が注目されてこなかったのにはいくつかの要因が想定される．その第1は，日本企業は以前から学習する組織づくりを目標に取り組んできており，"学習する組織"のコンセプトやそれに伴う諸システムや方法はすでに導入され，取り組んできているとの自負が強く，「今さら学習組織でもない」という認識によるものであろう．

　第2は，現在の日本企業の教育課題は個々人のキャリア開発やコンピテンス開発の自己目標の設定，自己管理，自己責任の確立であり，チームや組織全体としての学習を中心とする学習する組織づくりよりも，個人の教育，学習を重点としてきている点であろう．

　その点と関連して第3は，従来の階層別教育を中心とした画一的，平等的教育から個々人のニーズや専門性に応じた個別的な学習が必要であり，そうした個性尊重の学習こそ今日的課題であるといった認識が，経営者や，人材開発担当者に強いことが背景にあると思われる．いずれにしても日本企業は学習する組織という言葉は使用してこなかったが，すでに十分，学習する組織であり，いまさら改めて学習する組織でもないというのが日本企業の経営者や，管理者の本音ということもできよう．しかしながら，1984年に発表された企業内教育研究会の報告書（1984）は数少ない「学習企業」の視点からの報告書である．レポートは戦後の日本経済の発展を支えた人材育成の基本はOJTであり，それは以下の5つの要件によって成立したとしている．

　① 仕事の中に自己啓発を促進する動機づけ要因があること．
　② 仕事を通じて人間の成長を志向するという労働観に立脚し人に合わせた役割配分が行われていること．

③　公正かつ長期的な職業能力評価が行われていること．
④　OJTをリードする者の養成が組織的かつ計画的に行われていること．
⑤　従業員相互に協力関係が築かれていること．

であり，それは後期中等教育の普及率がきわめて高く，OJT受け入れの素地があったことを前提としているのである．

そうした日本企業の人材育成の特徴の上にたって，「組織のトップから末端に至るまで全員が目的意識をもって職業能力開発に努力する学習集団」や「新時代に求められる職業人を積極的に育成する」など，企業としての学習企業への移行が今後必要であると提言している．

そのために企業においては，1．職業能力開発必要点の明確化，2．新時代にふさわしいキャリアルートの確立，3．職業能力開発計画策定によるコンセンサスづくりをあげている．さらには国や都道府県の学習企業支援策も提示しているがここでは省略する．

1980年代はまさに日本的経営が世界の注目を集め，JIT同様，日本企業のOJTも強い関心がもたれ，それらを中心とする学習する組織であると評価されていたということがこうした調査報告書は物語っている．

そして大多数の日本の企業はOJT，相互共育（啓発），あるいは通信教育・書籍，カセットなどによる自己学習等のいわゆるインフォーマルな職業訓練が優れた成果をあげていることを指摘している．それは，上司や先輩が部下や後輩を積極的に指導すること，そして他方では，従業員の自己学習，相互学習が活発であり，従業員の全てが教師であると同時に生徒であり，企業全体が学習組織であるというまさに"学習組織"の言葉を使って評価しているのである．その背景には学校教育の成果としての高い学習能力，企業との一体感が培う学習意欲，日本社会のグループイズムによる心理的圧力，さらにはQCサークル運動などの企業の施策が重要な要因であるとしている．

2. 学習しない組織

　学習する組織をみてきたが，逆の視点から学習しない組織の特性を考えることによって，学習する組織の特質をより鮮明にすることができよう．

　学習しない組織とよく同義的に取り上げられるのが官僚的組織であり，さらに昨今では「大企業病」組織が取り上げられることが少なくなく，まず，そこから検討することにしよう．

(1) 官僚制組織の機能と逆機能

　官僚制は組織が大規模化するにつれて取り入れられる合理的な構造として提示したのは，いうまでもなく社会学の巨匠マックス・ウェーバーである．そして官僚制の特徴と，その機能，長所として，図表12－1のような点を指摘したのである．

　①階層性（上下関係の明確な体系），②権限責任の分担（職務権限・責任の配分による分担），③文書主義（文書による職務の遂行），④専門的訓練（専門訓練を受けた担当者による職務遂行），⑤公私分離（公私の完全な分離による遂行）の5つであり（Weber, M., 1922），①は集権化，②③は公式化，④は専門化，⑤は没人格化などといわれる場合も少なくない．

　こうした特性によって職務遂行，組織行動は安定的な成果を生み，合理性と能率性を高めることができ，官僚制が機能し，それが長所，言い換えれば「官僚制の技術的優位性」に他ならないのである．

　その後，アメリカの社会学者マートン，R.（1949）は官僚制の短所，逆機能に着目し，痛烈な批判を行い，「目的と手段の転倒」を強調した．すなわち，ある目的のために作られた規則・ルールや文書が，いつしか，それを厳守することが目的となり，行動が硬直化し，目的達成を阻害するものとなってしまう．それは同時に変革への抵抗を強め，保守的で，個々人の人格性や人間性を無視するものとなってしまうことに批判の矢を向けたのである（Marton, R., 邦訳，

図表 12－1 官僚制と学習しない組織の特性

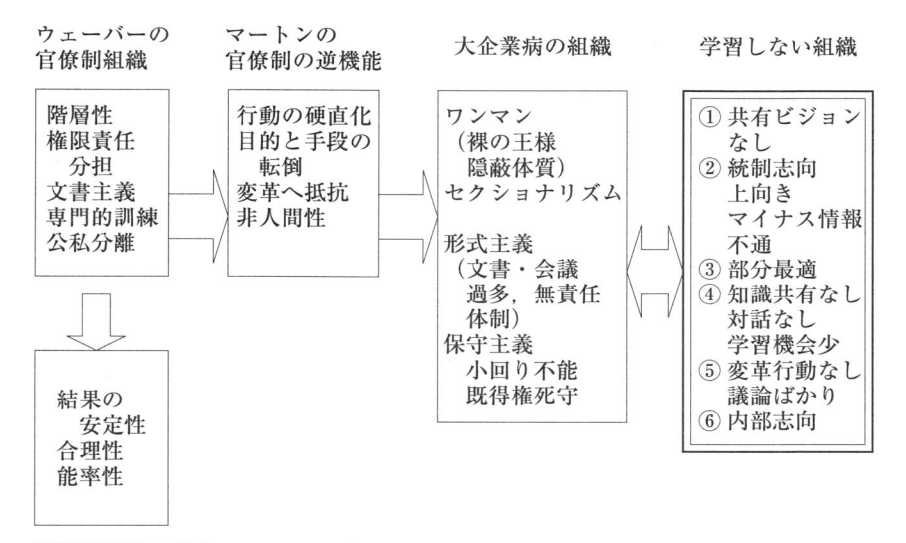

ウェーバーの 官僚制組織	マートンの 官僚制の逆機能	大企業病の組織	学習しない組織
階層性 権限責任 分担 文書主義 専門的訓練 公私分離	行動の硬直化 目的と手段の 転倒 変革へ抵抗 非人間性	ワンマン （裸の王様 隠蔽体質） セクショナリズム 形式主義 （文書・会議 過多，無責任 体制） 保守主義 小回り不能 既得権死守	① 共有ビジョン なし ② 統制志向 上向き マイナス情報 不通 ③ 部分最適 ④ 知識共有なし 対話なし 学習機会少 ⑤ 変革行動なし 議論ばかり ⑥ 内部志向

結果の
　安定性
　合理性
　能率性

官僚制組織の機能

1961）．

（2）大企業病の組織

　大企業病は学術的用語ではなく，定義やその意味する内容が一般化されているわけではない．大企業病を初めて提示したのはオムロン（旧立石電機）の創業者立石一真氏である．1983年の創業50周年の年頭挨拶で，「大企業の仲間入りをした立石電機は，大企業病にかかっている．大死一番，意識革命に徹し，創業の精神に還り，徹底的分権により中小企業的な組織と簡潔な制度で活性化を図ることこそ，五十周年にふさわしい大仕事である．全員でこれに挑戦してほしい」と指示し，その後オムロンは大企業病の退治に挑戦してきている（http://www.omron.co.jp/history/kazuma/page14.html）．

　立石氏の大企業病はとくに管理・統制志向の強化や部門のもたれ合い，意思決定の遅れや硬直化が問題として指摘され，その対応策としてはベンチャー精

神の復活やイノベーション志向そしてスピーディーな意思決定などをとくに重視している．

その後大企業病の用語も一般化し，さまざまな大企業病症状の指摘がなされてきているが，その主要な点は以下のような事項である．

第1は，トップ・マネジメントのワンマン，独善独断であり，しかもそうした判断指示は実情を把握しないままになされる．すなわち，マイナス情報はトップにとどかず「裸の王様」になってしまうことになる．そうした状況は全社に蔓延し，悪いことは隠してしまう隠蔽体質を形成してしまうのである．

第2は，セクショナリズムでそれぞれの部門は他部門にはまったく関心も，配慮もせず自部門の利益のみを追求し，それを防衛する行動がみられる．

第3は，形式主義で文書がなければ仕事がすすまず，まさに官僚制の文書主義の蔓延と同時に，何事も会議で決定される．そのため意思決定には手続きが複雑化し，時間を要し，小回りが出来ず，意思決定は遅れ，その行動結果については，利益をよこどり，責任はどこも取らない無責任体制を産むことになる．

そして第4は，保守主義を助長し，既得権の死守が第1となり，リスク回避の行動すなわちイノベーションや挑戦には無縁な組織体質を生じてしまうのである．

(3) 学習しない組織

官僚制組織そして大企業病組織も，類似した特性が指摘されているが，学習しない組織としてはどんな特性が指摘できるだろうか．

ワトキンス，K. E. らは図表12-2のような学習する組織と学習しない組織の対比を行っている．学習のレベルを個人，チーム，組織，社会に区分し，とくに一時的で部分的な学習，表面的で中途半端な学習しかできない個人，チーム，組織等の学習行動を注視している．

われわれは，官僚制組織や大企業病組織として指摘されていることも踏まえ，より広範な視点から学習しない組織の特性を以下の6つに集約したい．

図表 12－2　学習しない組織 vs 学習する組織

	学習しない組織	学習する組織
個　人	・抑制され，散発的で，一時的な学習 ・一貫性も，連続性もない学習 ・学習された無力感	・継続的で将来の組織ニーズに戦略的に結び付けられた学習 ・段階的に育成される学習 ・パーソナル・マスタリー：前提に挑戦し，探求することの学習
チーム	・プロセスへの注意を払うことなく，仕事だけに集中させられた学習 ・チームでなく，個人に対する報酬 ・部門の細分化・独立化	・集団の発展と共同的なスキルに焦点を当てた学習 ・チームや全部門に対する報酬 ・機能横断的，自己管理チーム
組　織	・表面的で，それまでのスキルとは無関連名な，中途半端な学習 ・学習障害（構造的な硬直性）には注意を払わない構造的な再編を通した学習	・それまで獲得されたスキルに積み重ねて行く学習 ・皆の学習を促進するための柔軟な構造の創造
社　会	・トンネル・ビジョン：社会に対する政策へのインパクトの無視 ・社会的影響を統制しようとする試み	・相互依存性の認識と，全般的な社会への貢献 ・望ましい将来を築くための，将来トレンドの継続的精査と予測

出所）Watkins, K. E. and V. J. Marsic, 邦訳（1995：330）

① 共有ビジョンなし：向かうべき方向が不明確でバラバラ，変革や継続的学習を重視するような組織文化は醸成されていない組織である．

② 統制志向：決められた制度，ルールおよび指示・命令による統制がなされる．組織メンバーは常に上を向いて仕事をし，マイナス情報は上には伝えられない．経営者には長期的展望やビジョンはなく，ひたすら短期の業績を求める裸の王様である．管理職は部下の意見やアイデア，実態情報を聞く耳をもたない．一方的な指示，講話ばかり，社員の汗を流すことのみを求められ，聞かない，聞けない，考えない社員を生んでいる．

③ 部分最適：大企業病でも指摘されているセクショナリズム，そして無責任体制であり，システム的発想，全体最適を求めるような行動をとろうとしない組織である．

④ 知識共有なし：形式主義で，本音で語ったり，相手との意見の違いをみつめ本質的問題を考える深い対話がなされない．また先輩は何も教えない，教

育と称して指示強制で職務遂行を求める．試行錯誤や実験，研修のゆとりもあたえられず，学習機会はきわめて少ない組織である．

⑤　変革行動なし：議論ばかり批判ばかりが闊歩する組織，評論家ばかりが横行する組織．ひたすら目前の業績・結果を求め，エラーやミスには厳しい厳罰主義で，新たなことへのチャレンジやリスクテーキング行動を低下させる成果主義の組織である．

⑥　内部志向：前述の上司のみを向いて仕事をし，同時に内向き組織．組織の外部の業界，他社，顧客さらに社会，世界に対する関心が低い．したがって他社や関連子会社をベンチマークしてよいところを学ぶといった発想も，行動もとれない組織である．

3. 学習する組織の条件

学習する組織は学習しない組織とどこが異なるのだろうか．すなわち学習する組織であるための条件はなんだろうか．その権化といわれているアメリカMIT大学のセンゲ教授（Senge, P. M., 1996）は自己マスタリー（自己の視点の明確化と深化），固定概念の打破，共有ビジョンの構築，チーム学習そしてシステム思考をあげている．そのほか，学習する組織論の提唱者としてガービン教授（Garbin, D. A., 1997）や経営コンサルタントのワトキンスとマーシック（Watkins, K. E. and V. J. Marchik, 1995）が著名であるが，そうした研究者の学習する組織の条件は，以下のようにまとめることができる．

①　ビジョンの共有
②　学習リーダー
③　対話
④　チーム学習
⑤　ナレッジの移転
⑥　外部との連携

図表12－3　学習組織の条件

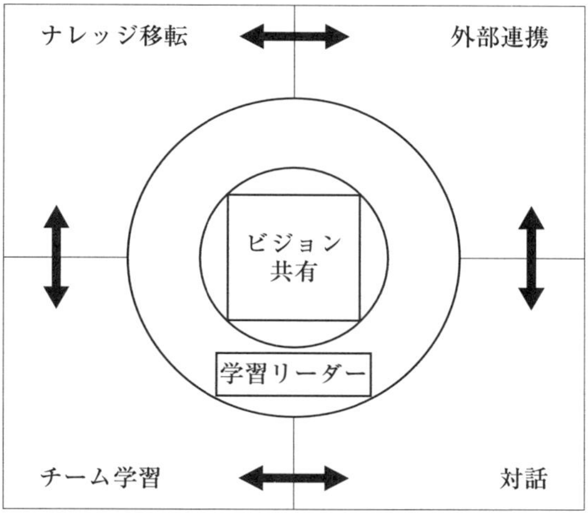

```
        ナレッジ移転 ⇔        外部連携

              ┌──────┐
          ⇕   │ビジョン│   ⇕
              │ 共有 │
              └──────┘
              ┌──────┐
              │学習リーダー│
              └──────┘

        チーム学習 ⇔         対話
```

（1）ビジョンの共有

　組織にとってビジョン，すなわち未来像，将来方向の重要性は繰り返す必要はなかろう．学習する組織についても論者の多くがビジョンの構築・浸透・共有と，その力点に若干の差はみられるものの，きわめて重視している．それは組織にとって変革の方向を示し，組織メンバーをその方向へ誘導し，向上心の強化やメンバーの行動の統合を導くからに他ならない（Kotter, 1996；2000）．
　したがって，ビジョンが具備しなければならない条件として，将来方向の明示性，実現への期待性，多様なメンバー個々人のビジョンとの結合が可能な冗長性，そしてコミュニケーションの容易性，眼に見えやすさ（Kotter, 1996）などが指摘されている．
　そうしたビジョンの共有とその方向への統合的な学習・変革が求められる．しかし学習あるいはナレッジに関連するビジョンすなわち学習ビジョンを明示しそのビジョンの共有が最重要な課題である．一般的にはビジョン形成はトップダウン型かボトムアップ型に区分されるが，経営トップ層であれ，部門管理

者層であれ，ビジョンはまず個人によって直感され，構想され，提示される．それが日常の対話やミーティングを通じて共有され，徐々に共有化の範囲は拡大し，一定時点で部門のビジョン，全社のビジョンとして公式化，制度化されるというプロセスをたどる．だが公式化された以降に入社したメンバーにとっては制度化されたビジョンはトップダウン的に共有が奨励されることになる．とはいえ，古くからのメンバーも時間の経過とともに制度化されたビジョンとは少しずつズレを生じたビジョンを心に描くことになり，それが温められ，新たなビジョンが提示され，制度化されたビジョンとは異なる新たなビジョンが共有されていくというのが現実のビジョンの変革サイクルである．したがって個人のビジョンづくりが奨励され，継続的対話による相互作用の副産物としてのビジョン共有の重要性が指摘されるのである（Senge, 1990）．

(2) 学習リーダー

学習組織づくりにはリーダーが必要なことはいうまでもない．共有ビジョンづくりを進め，その浸透を進めるリーダーであり，アメリカのGEやコカコーラ等ではチーフ・ラーニング・オフィサー（Chief Learning Officer：CLO）などとも呼ばれている．

さらに中間管理者としての学習リーダーも重要である．いかに学習機会を作り出し，提供するか，学習とパフォーマンス目標の同時達成を目指すかが重要な役割である．公式的学習機会，公式的OJTのみならず，相互コミュニケーションによる対話や知識共有，チーム学習の場づくり，新たな社内外のメンバーとの交流，経験や挑戦の機会づくり等である．

そしてエンパワーメント（empowerment）の実践も非常に重要な役割である．エンパワーメントは権限・職務委譲として狭く規定した考え方もあるが，文字どおりパワーの拡充を意味し，さらに情報や資源の提供，能力開発の支援，そしてビジョンの共有を基盤とする仕事へのオーナーシップ（自分のものして考える意識）の強化も含むコンセプトである．そうした積極的側面と，逆に，そ

れらの阻害要因の排除・改革の側面も見逃せない．すなわち権限・職務委譲を阻害する組織構造やシステムの変革，障害となる不足能力の補充・開発も重要である．さらに情報・資源の提供や，ビジョン共有，オーナシップを弱体化させている管理者，ボスの排除，転換，いいかえれば不誠実，不正直で信頼できない管理者の排除等による学習促進も重要なエンパワーメント施策である．

(3) 対　話

　討議とは異なる対話（dialogue）を多くの学習組織論者が重視している．討議は，ある一定の考え方を他より優位にあることを合意し，選択決定する．一方，対話は相手の発言に徹底的に傾聴し，考え方や視点の違いを認識，理解することである．人びとが互いにアイデア，問題や可能な行動を探索する対話を，探求（inquiry）とよんで，単なるおしゃべり，世間話などの会話（talk）とは異なるものとして分離しているのはWatkinsら（1993）である．相手の話を聴くことによって自分とは異なる見方，感じ方，意味づけを知り，驚き，共感し，納得し，われわれは学習するのである．そうした対話は日常的に行われていると思われるが，実はかなり難しいことなのである．上下関係や規律などの秩序重視や時間的制約社会で，われわれは「わからせる」「わかってもらう」ための"説得"中心の発言に落ち入り，相手の話の"受容"は限定されている（伊藤，1985）．日常生活は聴くことより話すこと，相手の話の受容より，自分の話の説得に終始してしまう傾向が強いというのである．管理者や組織マネジメントにおいて，常にカウンセリング・マインドや積極的傾聴が課題とされてきているのも，そのひとつのあらわれであろう．

　チーム学習の基本として，この対話を位置づける考え方も少なくないが，ここでは対話は，あくまでも1対1の対話に限定し，3人以上での探求はチーム学習として区分したい．対話においても1対1と1対多では相互関係は複雑，多様化し探求のあり方は，異なるからであり，基本としての1対1の対話ができなければ3人以上の関係の中で，それぞれの人の話を傾聴することは不可能

だからである．

　そして対話には，信頼関係や情緒の共有，共感が基盤にあることも見逃がせない．対話において送り手のメッセージ，使われる言葉も重要な役割をもつこともいうまでもない，受け手に反発を感じさせたり，不快感をあたえるような態度，言動では対話は成立しない．相互にオープン・マインドな状況を維持する心構えとスキルが深い対話を可能とするのである．

(4) チーム学習

　学習組織の中で個人と組織レベルの学習を繋ぐ，チームレベルの学習がきわめて重要である．

　組織内のチームは一定の役割を果たすために意思決定し，行動し，成果を求める．チームによる決定には討議（discussion）がなされる．幾つかのオプションからもっとも有効と思われる案の合理的選択，決定のための討議である．日本企業ではとくに儀式のための会議，討議ではない，実質的，合理的な討議が効率的に行われるプレゼンテーション能力，ディベート能力，会議リーダー力などの向上策が進められている．チーム学習はこうした討議とは異なる，もうひとつの会話の方法である3人以上での対話である．先の1対1での対話と明確に区分するためにここでは，会合（meeting）と名づけたい．化学用語としての会合は広辞苑によれば「同一物質の分子が，二ないし数個集まって一つの分子のように行動する現象」である，とされている．公式的な結論をだすための会議（council）とは異なる，どちらかといえば非公式な色彩のつよい意味で使われる「ミーティング」はすなわち会合である．

　会合は，成果としての共創，協創あるいは交創としてのコラボレーション（collaboration）が重要な課題となる．すなわち，相互補完的な創造プロセスである．

　知識は優れた一個人の独創によってなされることはたしかであるが，他者からの刺激やヒントが独創を支援することも多い．さらには対話やチームによる

相互作用による共創がナレッジ創造や，学習する組織には欠かせない．

わが国で1990年代末ベストセラーとなった『なぜ会社はかわれないか』の著者，柴田（1998）は企業風土改革の中心として位置づけられている「オフサイト・ミーティング」とは，「気楽に真面目な話をする場」であるという．それは意識改革の場ではなく，素直に人の話に耳を傾ける場すなわち「話し合う場ではなく聞きあう場」，考えるきっかけを与える場，互いに刺激となる場である，と強調しているように，まさにここでいう"会合"の場なのであり，言い換えれば「気楽に真面目な話を聴き合う場」とでもいえよう．

公式的な会議は真面目な話を真面目にする場である．その反対の不真面目な話を不真面目にする場は，赤ちょうちんの「ノミニケーション」の場であり，不真面目な話を真面目にする場は宴会ということになろう．そして重要かつ，機会が減少しているのが真面目な話を気楽にする場である．過去には日本企業において「ノミニケーション」は飲んでも真面目に仕事の話を，無礼講，本音でする「オフサイト・ミーティング」の色彩が強かったが，そうした色彩は乏しくなった．したがって，新たに真面目な話を気楽にする場の設定が求められるというわけである．

しかしそうした「オフサイト・ミーティング」も気楽に設定し，行えばよいというものではない．深い実りの多い学習の場とするためにはきめ細かな会合設定術の重要性も指摘している．10〜15人の意欲の高い，感度のいい人という参加者の質と量の問題，できれば職場を離れてリラックスできる場所の設定，自由な服装や時にはお酒を飲みながらといた雰囲気づくりが必要である．そして会合の意図を明確に，気楽に聴き合う場の進行をする世話役が重要であることはいうまでもない．

優良企業にはこうした場づくりがなされてきている．ホンダの「ワイガヤ」，オムロンの「ヒザズメ」などと，名づけられた会合の場は有名である．そして成功した多くの「プロジェクトX」には共通的に役職を忘れ寝食を共にして議論するプロセスが存在する．時には職場で寝泊りしたり，あるいはそのチーム

での"合宿"による会合が繰り返される.

今日の就業環境の中で,いかに「オフサイト・ミーティング」あるいは"会合"の場を意識的に設定するかはきわめて重要な課題であろう.

(5) ナレッジの移転

ナレッジの他部門,他組織への移転はそれほど容易なことではない.その移転の障害は粘着性とよばれ,情報粘着性とか知識粘着性(knowledge stickiness)といい関心が集まっている.なぜ知識粘着性が生ずるのかの要因を実証的に研究したのはスズランスキー(Szulanski, 1996)である.それは移転される知識の特性(因果関係の曖昧性や非証明性),知識の送り手側の特性(モチベーションの欠如と信頼性の欠如),受けて側の特性(モチベーションの欠如,吸収能力の欠如,保持能力の欠如),そして,コンテクストの特性(障害となる組織コンテクスト,関係の悪さ)を重視しているが,実証研究の結果では受けて側の吸収能力(absorptive capacity)の欠如,因果関係の曖昧性と送り手と受けての険しい関係がとくに影響し,モチベーションは必ずしも強い要因でないことを明らかにして注目されている.すなわち,知識粘着性を改善するには送り手と受け手の緊密な関係を築き,受け手側の知識を高めるなどの吸収能力の強化の重要性がナレッジ・フローの活発化には必要なのである.

そうした議論との関連で組織の外部そして内部とをつながることができる,言い換えれば吸収能力も高く,しかも他のメンバーとも幅広いネットワークをもち知識・情報フローの結節点的存在の人はゲートキーパー(gatekeeper:門番)と呼ばれその役割が注目されている.一方,知識の移転に関しては,IT技術を活用したナレッジ・マネジメントが威力を発揮するプロセスである.ノウハウあるいはノウフーのデーターベース,電子マニュアルさらには掲示板やチャットなどのウェブ上のナレッジ共有システムは距離や時間,立場を越えてナレッジ共有を促進する(Davenport and Prusak, 1998).さらには研修や会議,そして人事異動などのHRMのシステムも重要なナレッジ共有システムである

ことは忘れてはならない．

(6) 外部との連携

　今日の企業の共通的な基本戦略は「選択と集中」といわれ，いわゆるコア・コンピタンスの明確化とその強化であると主張されている．すなわち，「選択と集中」は自社のコア・コンピタンスにかかわる製品，事業を選択し，そこに資源を集中し，持続的競争優位を獲得，強化することを目的とした戦略である．そしてコア・コンピタンスの関連分野は他社，外部組織との提携によって補完，補強することが重要であり，戦略的提携 (strategic alliance) が同時に活用されてきている．

　戦略提携は学習および創造なのであり，その成否は学習の程度によって決まる．パートナー間の資源や組織文化，あるいは意思決定システムの差が大きければ，相互学習は進まない．パートナーの保有知識・言語，保有能力が高ければ促進されよう．したがって学習の程度は，人事管理システムや提携のマネジメント方法によってパートナー間で不均衡が生ずることも指摘されてきている．欧米企業と日本企業を比較すると，日本企業の方が合弁などの戦略提携を知識の獲得，学習の場として位置づける傾向が強く，それが提携の成果を大きくし，日本企業が欧米企業にキャッチアップした重要な要因となったという指摘もみられる (Hamel, et al., 1989)．

　さらに外部との連携で見逃せないのは顧客である．1990年代に入り急速に「顧客志向」「顧客満足」さらには CRM (Customer Relationship Management or Merketing) がクローズアップされ，個別化した"個客"ニーズへの対応策がとられている．それは営業・販売から顧客の問題解決を提案・支援するソリューション (solution)，コンサルテーション (consultation) を実現できる人材，人的資本を要求している．すなわち，目にみえない，言葉に表れない顧客ニーズを顧客との深く密度の高い連携から明らかにし，その潜在的ニーズを掘り起こし，問題解決を果たし，顧客満足を獲得する継続的な相互学習の実現を

目指しているのである．

　一方，企業，職場が立地する地域内の他組織との連携も欠かせない．それが一群の集積を形成していれば，多くの他の組織との相互学習により，より高い競争優位が獲得されることが明らかにされてきた（Porter, 1990）．一般には工業集積とかクラスター（cluster：ブドウなどの房）あるいはプラットフォーム（platform：足場）などと呼ばれている．

　そうした学習を促進する他者，他社，他組織との連携，関係は最近では社会資本（social capital）とか関係資本（relational capital）としてますます重視されてきている．

4. グローバル学習組織づくりへ

　企業の国際化が進展し，グローバル経営を展開している企業はグローバル・グループ組織全体が学習組織であらねばならない．本社の知識・ノウハウを海外グループ企業に移転するばかりでなく，海外関連会社で革新・創造された知識は本社，他の海外グループ企業に移転され，すなわち相互移転，そしてグループで共有され優位性が高まり，グループの競争力が向上するのである．その促進のためにコーポレート・ユニバーシティー（企業内大学）が大企業を中心に創設され，学習組織づくりのセンターとなってきており，グローバル学習組織づくりがグローバル競争の重要な課題となってきている．

演・習・問・題

問1　官僚制組織の長所は何かについて説明しなさい．
問2　大企業病の組織の特徴について説明しなさい．
問3　学習する組織の対話について説明しなさい．

参考文献

Davenport, T. & Prusak, L. (1998) *Working Knowledge : How Organizations Manage What They know*, Harvard Business School Press.（梅本勝博訳『ワーキング・ナレッジ：知を活かす経営』生産性出版, 2000 年）

Garbin, D. A. (2001) *Learning in Action*, Harvard Business School Press.（沢崎冬日訳『アクション・ラーニング』ダイヤモンド社, 2002 年）

Hamel, G., Doz, Y. and C. K. Prahalad (1989) Collaborate with Your Competitors and "Win", *Harvard Business Review*, Jan-Feb, pp. 133-139.

Kotter, J. P. (1996) *Leading Change : An Action Plan from the World's Foremost Expert on Business Leadership*, Harvard Business School Press.（梅津裕良訳『企業変革力』日経 BP 社, 2002 年）

Marton, R. (1949) *Social Theory and Social Structure : Toward the Condification of Theory and Research*, Free Press.（森東吾・森好夫・金沢実・中島竜太郎訳『社会理論と社会構造』みすず書房, 1961 年）

Senge, P. M. (1990) *The Fifth Discipline : The Art & Practice of The Learning Organization*, Doubleday.（守部信之訳『最強組織の法則：新時代のチームワークとは何か』徳間書店, 1995 年）

Szulanski, G. (1996) "Exploring Internal Stickness : Impediments to the Transfer of Best Practice Within the Firm" *Strategic Manegement Journal*, 17, pp. 27-43.

Watkins, K. E. and V. J. Marsic (1993) *Sculpting the Learning Organization : Lessons in the Art and Science of Systemic Change*, Jossey-Bass.（神田良・岩崎尚人訳『学習する組織をつくる』日本能率協会, 1995 年）

Weber, M. (1922) *Wirtschaft und Gesellschaft*, Tubingen.（阿閉吉男・脇圭平訳『官僚制』角川書店, 1958 年）

伊藤友宣 (1985)『家庭のなかの対話：話し合えない父親のために』中央公論社

企業教育研究会 (1984)『新時代の企業内職業能力の課題と方向：新しい"学習企業"をめざして』労働省職業能力開発局

柴田昌治 (1998)『なぜ会社は変われないのか』日本経済新聞社

《推薦図書》

1. 根本孝（2005）『ラーニング組織の再生』同文舘
   学習組織論の理論および日本企業の実践を，トヨタ，ホンダ，日産の事例を取り上げて検討し，学習組織の理論と実際を検討した専門書．
2. 高間邦夫（2005）『学習する組織：現場に変化のタネをまく』光文社
   学習する組織への転換，すなわち組織変革をわかりやすく解説した実務書．
3. Senge, P. M.（1990）*The Fifth Discipline : The Art & Practice of the Learning Organization*, Doubleday.（守部信之訳『最強組織の法則：新時代のチームワークとは何か』徳間書店，1995年）
   学習する組織の原点といわれている，学習する組織の5原則を提示した専門書．
4. Watkins, K. E. and V. J. Marsie（1993）*Sculpting the Learning Organization : Lessons in the Art and Science of Systemic Change*, Jossey-Bass.（神田良・岩崎尚人訳『学習する組織をつくる』日本能率協会，1995年）
   学習する組織の構築を説いた実践の書．

第13章の要約

　本章では，未来の経営組織について説明する．未来の経営組織のエッセンスとは，現場や個人の自立とそれらを活かす組織設計に焦点が置かれるにちがいない．1.の「分散化が進む企業組織」では，組織の意思決定システムについて触れる．2.の「個を活かす組織」では，その代表的な見解を取り上げる．3.の「未来型組織のヒント」では，指揮者のいないオーケストラのオルフェウスの組織メカニズムについて詳しく説明する．4.の「知識主導型組織」では，オルフェウスとともに注目されているアメリカのバックマン・ラボラトリーズ社を取り上げ，ユニークな知識経営について紹介する．

第13章 近未来型組織のゆくえ

1. 分散化が進む企業組織

　組織は，いうなれば意思決定システムのあり方であるといってもよい．つまり，意思決定システムが集中化されているか，それとも分散化しているかということであり，これを示したのが図表13－1である．

　もっとも左側に位置するのは高度に集中化した組織である．これは重要な意思決定のすべてがごく一部の上位者に集中している．代表的なケースは，伝統的な軍事組織がこれに該当する．意思決定システムがやや集中化する組織は，ゆるやかな階層性組織である．これは，下位者へ意思決定権が委譲されている．代表的なケースとして，コンサルティング・ファームがこれに該当する．意思決定システムがやや分散化する組織は民主制である．これは，権限を下位者へ委譲するのではなく，下位者のもとで発生させることである．たとえば，選挙や投票のように，自らの意思と責任のもとに主体的な決定を行う個人による組織を思い浮かべてもらってもかまわない．最後にもっとも右側に位置するのは，高度に分散化した組織である．これは，意思決定において個人が誰からも縛られない自由が認められたものである．代表的なケースとして，純粋な市場やインターネットの世界がこれに該当する．

　これまでは，一部の意思決定者から与えられる伝統的なピラミッド組織が主

図表13－1　意思決定システム

集中化			分散化
集中化された階層性	ゆるやかな階層性	民主制	マーケット
伝統的軍事組織	コンサルタント会社 大学の研究室	政治における民主制 企業の株主総会	自由市場 インターネット 企業内マーケット

出所）Malone, T. W., 邦訳（2004：23）

流であった．

　これに対し，新しい時代の企業組織は，個人の裁量が大幅に認められている組織である．つまり，自立した個人が自分で仕事を探したり，新しい価値を生み出すことが求められるのである．このため，あらゆる企業にとって自立した個を活かす組織をどのように創造するかが最大の課題となっている．

2. 個を活かす組織

　新しい組織モデルは，「個を活かす組織」または「関係性のネットワークを通じた組織」である．「個を活かす組織」をトレースすると，図表13－2のように描くことができる．

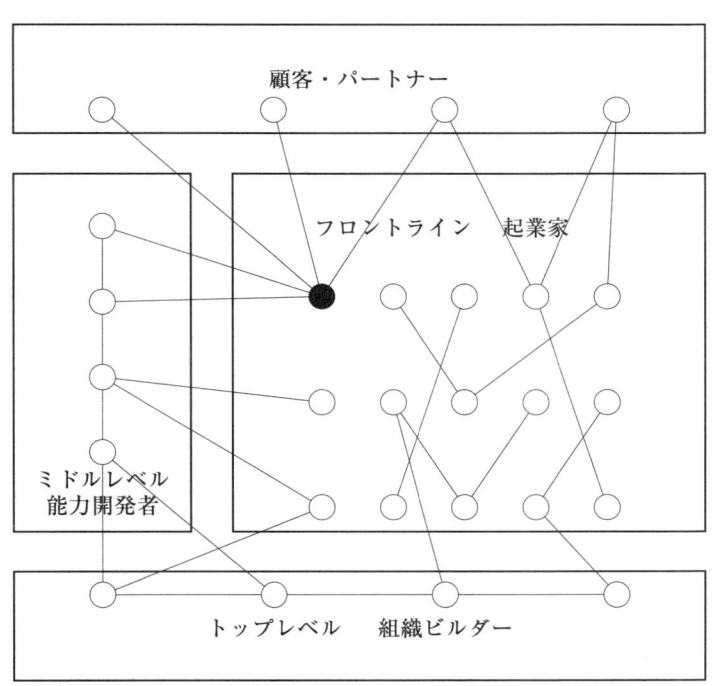

図表13－2　個を活かす組織

顧客・パートナー

フロントライン　起業家

ミドルレベル
能力開発者

トップレベル　組織ビルダー

出所）Bartlett, C. A. and S. Ghoshal (1997：205)

「個を活かす組織」の特徴は，伝統的な組織構造という骨格を重視するよりも，組織内の知識や情報の流れと社員の価値観，行動，やる気を引き出すことに焦点が当てられるものである．そして，伝統的なピラミッド組織から個を活かす組織へ転換を図るには，組織レベルごとに異なるマネジャーの役割を変革しなければならない．組織レベルは，トップレベル，ミドルレベル，現場（フロントライン）レベルの大きく3つに分類することができる．伝統的なピラミッド組織におけるマネジャーの役割は，トップレベルが「資源配分者」，ミドルレベルが「管理統制者」，フロントラインが「業務遂行者」であった．これに対し，個を活かす組織のマネジャーの新たな役割は，トップレベルが「組織建設者」，ミドルレベルが「マネジメント／組織開発者」，フロントラインが「革新的起業家」として振る舞うことである．

「組織建設者」としてのトップマネジャーは，行動環境を規定することに注力すべきである．具体的には，ビジョン，価値観などを策定し企業に活力を与えたり，制度や活動基盤を整備する担い手である．「マネジメント／組織開発者」としてのミドルマネジャーは，個々の事業を発達させ，発達から生まれた資源や能力をその他へ応用するコーチまたはメンターのような役割を果たす．最後に「革新的起業家」としての現場マネジャーは，個別の事業を指揮する責任者である．彼らは，各事業の業績の責任を負うのみならず，新しい資源や能力を構築する担い手，さらに日常的に市場と直結しているため，社外と強いソーシャルキャピタルを築いている．フロントラインの位置づけは，過去，業務遂行者に過ぎなかったが，今日は組織の中核的役割としてきわめて重視されている．

3. 未来型組織のヒント

近未来の企業組織を探求するため，現在，細胞分裂の構造からスポーツや芸術，さらに軍隊に至るまで，あらゆるジャンルの組織について研究が進められている．その中でも，近未来組織の探求において，近年，もっとも関心が寄せ

られているのがオーケストラという芸術組織のアーキテクチャーであり，それは，ウィーン・フィルやベルリン・フィルのような典型的なオーケストラの組織ではなく，指揮者のいないオーケストラである「オルフェウス室内管弦楽団」である．ジュリアード音楽院の同窓生を中心に1972年に創設されたオルフェウス室内管弦楽団は，グラミー賞を含む数多くの栄誉に輝くなど，音楽の世界で高い評価を得ているだけではなく，そのユニークなオーケストラ・モデルは，世界中の企業経営者や経営研究者からも注目されている．

　最初にオーケストラについて触れてみよう．オーケストラの歴史は，およそ16世紀まで遡ることができる．その当時の音楽は，教会や宮廷で聖職者や貴族による神を讃える声楽や合唱であった．17世紀に入ると，声楽のみならず楽器が発達したことで音楽家という職業まで出現した．これら音楽家たちは宮廷の宮仕え楽師として貴族の前で演奏するようになった．18世紀になると，楽器の発達と音楽家たちの増加に伴い，宮廷楽団が誕生しオーケストラが成立した．このオーケストラの成立により，音楽が宮廷以外にも広がり，音楽会やコンサートなど一般にも普及した．19世紀になると，さらに音楽は宮廷から一般大衆のものとなった．彼らはコンサートホールや劇場に出向き，独立した音楽家たちの演奏を聴き入るという身近なものに変化していったのである．

　オーケストラの基本的な編成は，コンサートの責任者である「指揮者」を中心に，指揮者を助け全体をまとめる楽員の代表である「コンサートマスター」，楽団員の「弦楽器奏者」，「木管楽器奏者」，「金管楽器奏者」，「打楽器奏者」によって構成されるが，伝統的なオーケストラでもっともコアの重責を担うのは，いうまでもなく，指揮者であるにちがいない．

　個性の強い楽団員と複数の楽器構成を取りまとめ，一糸乱れぬ音楽を演奏するには，リーダーとしての指揮者の存在は欠かせない．そんな指揮者に求められるリーダーシップは，主に4つの点が指摘されている．第1に，音楽性の豊かさや幅広い知識など，音楽的な才能である．第2に，長期にわたる演奏活動を支える豊かな体力である．第3に，楽団員や聴衆を魅了するエネルギーとい

う心理的な能力である．最後に，スポンサーを取り付ける政治力や社交性である（大木，2004）．

このように指揮者の強いリーダーシップを中心とする典型的なオーケストラ組織が200本の腕にひとつの脳があるトップダウンの組織体であるのに比べて，オルフェウス室内管弦楽団は，全体をコントロールする指揮者を置かず，27名の楽員たちの54の耳による自発的なコミュニケーションを通じて高度な演奏を可能にする水平型あるいはネットワーク型のオーケストラ組織である．

指揮者というコアを置かず高い演奏をするため，オルフェウス室内管弦楽団では，つぎのようなユニークな原則や実践が行われている．ひとつは，下記のような，楽員たちに課せられた8つの原則である（Seifter, H. and P. Economy, 2001）．

① 実際に仕事をする人間への権限委譲
② 自己責任を負わせる
③ 役割の明確化
④ メンバー全員でリーダーシップの共有

図表13－3　オルフェウスの位置づけ

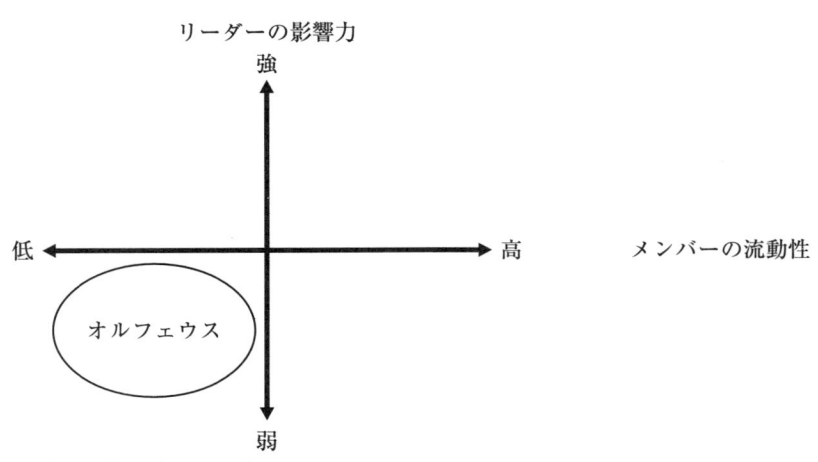

出所）大木裕子（2004：280）

⑤　平等なチームワークの育成

⑥　ヒトの話をよく聞き学ぶこと

⑦　コンセンサスを形成すること

⑧　職務への献身

　これらの原則から，楽員たちに求められる能力とは，個人と組織人の両面で高い能力を身につけることである．オーケストラ全体を統合する指揮者を置かず，高度な演奏を実現するためには，演奏者としての楽員個人が同時に指揮者としての役割を担う必要がある．つまり，楽員たちはプレーイング・マネジャーとして徹底した自己管理が求められるのである．

　高い演奏力を維持するためオルフェウス室内管弦楽団には，オルフェウス・プロセスと命名されたリハーサル・システムが実践されている．このプロセスは5段階から構成され，これを経て本番のコンサートに入る．オルフェウス・プロセスの第1段階は，「リーダーの選出」である．これは5～10名のコア・メンバーを選出し，リーダーチームを編成することである．このコア・メンバーの選出に当たっては，各自の立候補により決定するという民主的なやり方が導入されている．また，選出されたコア・メンバーは，コンサートマスター，各セクションの首席奏者としての役割を果たす．オルフェウス・プロセスの第2段階は「戦略の開発」であり，コア・メンバーによるリハーサルである．リハーサルを通じて，テンポ，フレージング，アーティキュレーション，強弱，弓使い等について検討し合いながら，コア・メンバー間のコンセンサスが図られる．オルフェウス・プロセスの第3段階は「音楽の開発」であり，全体によるリハーサルである．コア・メンバー間で統一された演奏方法について，その他演奏家たちが意見を出し合い，修正を加えながら，演奏を完成させる．オルフェウス・プロセスの第4段階は「音楽の完成」であり，メンバーがオーケストラ全体による演奏を聴いて最終調整を図ることである．オルフェウス・プロセスの第5段階は「音楽の引渡し」であり，最終的な成果としての演奏である (Seifter and Economy, 2001).

指揮者不在の組織の課題としては，次のような点があげられる．第1の課題は，通常のオーケストラに比べて，オルフェウス・プロセスは約3倍の日数が必要であるともいわれるとおり，段取り作業に費やす時間が長くロスが多いことである．指揮者が存在する場合，演奏家はその指示に従い，自分が担当する演奏部分にのみ注力すればよかった．ところが，指揮者が不在の場合，演奏家はプレーイング・マネジャーとして，全体の演奏まで関与するのみならず，意見交換や議論を通じて全体を調整していくため，どうしても，打ち合わせやリハーサルに費やす時間が長くなり，効率面におけるロスは避けられない．第2の課題は，オーケストラの規模に限界があることである．指揮者を排除するオルフェウス・プロセスは，27人の優れた演奏家が同時にまた指揮者の役割を分担するリーダーを兼ねている．したがって，このような組織を民主的に運営するには，フル・オーケストラという大編成は困難であり，組織の規模には自ずと限界がある．第3の課題は，楽員メンバーたちの構成が固定化され，流動性が低いことである．楽員たちの自発的なコミュニケーションを通じて運営される組織に必要な条件とは，良好な人間関係の維持にちがいない．指揮者不在の組織を円滑に運営するには，意見交換と意思疎通を通じてオーケストラ全体を統合することであり，それには同質性の高いメンバーからなる組織化は何よりも不可欠である．また，メンバーの流動性は組織内の円滑なコミュニケーションを低下させ，混乱や葛藤を生み出す源でもある．このため，オルフェウス室内管弦楽団のメンバーは，ジュリアード音楽院出身という共通の基盤をもち，同じ組織伝統によって統合されている．第4の課題は，フリーライダーを生み出す危険性である．オルフェウスのような自発的なコミュニケーションによる落とし穴は，問題を引き起こすヒトやルールを破る人間が生まれる危険性に加えて，こうした人材が全体にただ乗りする可能性を常に内包していることである．そして，もしフリーライダーが一部から全体へ広がった場合，オルフェウス・プロセスはもはや機能しなくなる．

　最後にもオルフェウス・プロセスのような即興的対応が必要な組織を成功に

導く秘訣として，3つのポイントを指摘しよう（Brown and Eisenhardt, 1998）．第1のポイントは，変化に適応する企業文化を創造することである．つまり，厳密な規則ではなく，頻繁に変化していく企業文化を育てることが大切である．第2のポイントは，セミ・ストラクチャー（半構造化）による対処である．つまり，タイトに構造化するのではなく，優先順位，目標，期限，責任などの重要な規制に基づいて行動することである．第3のポイントは，リアルタイムのコミュニケーションである．つまり，現在の状況に対して，組織全体で驚くべき量のコミュニケーションを行うことである．

4. 知識主導型組織

個を活かす組織，オルフェウスのマルチリーダー組織そして個が生み出す知識を主導する組織の実例として，ここでは，テネシー州メンフィスに本部を置く総合ケミカル・メーカー，バックマン・ラボラトリーズ社を取り上げてみよう．

1945年に設立されたバックマン・ラボラトリーズ社は，世界100ヵ国以上に1,300人の社員を抱え，21ヵ国に拠点を構えるグローバル企業である．同社では，世界中の1,300人の社員（アソシエート）たちがラップトップ・パソコンを携帯し，ケネティクス（K'Netix: Buckman Knowledge Network）とよばれるネットワークで1日24時間，365日つながっている．社員たちは，新製品開発のアイデアに行き詰ったり，あるいは顧客から課題が持ち込まれたとき，ケネティクス・ネットワークへアクセスして問題解決の糸口を探る．このようなネット上のシステムを同社では，「フォーラム」とよんでいる．「フォーラム」を通じて生まれた利益は年間400億円ともいわれている．それでは，実際に「フォーラム」におけるやりとりの事例として，ここではダンボール製品開発の事例をみてみよう．

＜イギリス営業マン＞

取引先の製紙会社が問題を抱えているんだ．なぜかでんぷんがうまく働かなくて，開発中の紙に強さがでないんだよ．誰か，いい知恵を貸してくれないかな．

＜カナダ研究担当副社長＞

でんぷんは紙を強くするにはいいんだけれど，効果が長続きしないこともあるね．カナダでは，薬品ビュボンド911もよく使っているよ．

＜カナダ営業主任＞

でんぷんを加えても効果がでないのは，システム全体がプラスイオンになっているせいじゃないかな．

＜アメリカエンジニア＞

いや，ぼくはどうもやっぱりでんぷん自体に問題があると思うな．ちょっと提案なんだけど，みんなでプロジェクトを組んで何とか問題を解決しようよ．

＜ドイツ営業マン＞

みんな，でんぷんの専門家だから，仕方がないのかもしれないけど，微生物の影響を見逃しているじゃないかな．ある種の微生物は，あっという間にでんぷんを分解してしまうんだ．

＜アメリカ製造部門主任＞

鋭いね．いったん微生物がでんぷんを分解し始めると，もうどうにもとまらないんだよね．いくらでんぷんを加えても負け戦ってところかな．

＜ベルギーエンジニア＞

まったくそのとおり．これは，微生物を何とかしないとダメだな．

こうしたやりとりを手がかりに微生物の活動を抑える化学薬品が作られることになった（以上，水越伸（2002：121-122）から抜粋）．

知識移転や知識共有の仕組みのカギを握るのは，知識共有文化の創造である．つまり，才能や能力，経験の異なる個々の社員がそれぞれ有する知識を出し合

図表 13－4　バックマン・ラボラトリーズ社の倫理基準書

　バックマン・ラボラトリーズの社員はお互い距離が離れ，文化も言語も異なる環境下で働いている．そこで企業運営の基本原則を明確にし，社員各位の理解を得るものである．
- 会社組織は顕在的な能力も潜在的な能力も，お互いに異なる多くの社員の集合体である．そして，社員の能力発揮は，会社繁栄のために必要である．
- 我々はお互い同志，自律した個々の社員が継続的かつ積極的なコミュニケーションを社内で展開する努力を，尊厳と好意を持って認め，評価する．
- 我々は個々の社員による貢献と達成を評価し，これに報いる．
- 我々はただ毎日の出来事に流されるのではなく，我々自身の運命をコントロールするために継続的な計画策定を行なう．
- 我々はビジネスの状況いかんにかかわらず，すべての社員に仕事を提供する政策を維持する．
- 我々はその場のご都合主義ではなく，会社全体のために良かれと思われる正しい選択をなすべく意思決定を行なう．
- 我々の存在意義は唯一顧客への奉仕である．我々は顧客に正しく奉仕するため，原価割れしない範囲で会社組織に便益をもたらす商品やサービスを提供する．
- 我々の実施するすべての企業活動において，顧客に質の高い商品やサービスを提供するため，創造性を発揮しなければならない．
- 我々はいつでもバックマン・ラボラトリーズの一員であることを誇りに感じるため，ビジネスにおいては最高の倫理観を持って働かなければならない．
- 我々は地域コミュニティの尊敬を得，これを維持するために会社および社員の市民としての義務を履行しなければならない．

　社員としても会社としても，我々は社会から尊敬されるためにこれらの基本的な倫理基準書に基づいて行動すべく努力しなければならない．

出所）Buckman, R. H., 邦訳（2005：81-82）

い，最大限活用するには，組織を横断して企業全体に共有されるべき行動指針のようなものが必要である．同社では，図表13－4のような倫理基準書を作成し世界中の社員たちの統合を図っている．

　バックマン・ラボラトリーズ社のケースは，われわれに未来型組織のひとつの姿を提示するものである．ITを利用してグローバルな知識共有システムを構築することは，今後，多くの企業で普及するにちがいない．しかしながら，ここで注意すべき点は，知識共有システムが構築できたからといって，実際にそれを活用しなければ意味がないものとなってしまう．つまり，知識共有を推進するには，行動指針や倫理基準を徹底し，学習する組織文化を養成することが不可欠な課題であるといえるだろう．

演・習・問・題

問1 個を活かす組織とは何か，説明しなさい．
問2 オルフェウス・プロセスの要点とは何か，説明しなさい．
問3 バックマン・ラボラトリーズ社の「フォーラム」について述べなさい．

参考文献

Bartlett, C. A. and S. Ghoshal（1997）*The Individualized Corporation*, Harper Collins.（グロービス・マネジメント・インスティテュート訳『個を活かす企業：自己変革を続ける組織の条件』ダイヤモンド社，1999 年）

Brown, S. L. and K. M. Eisenhardt（1998）*Competing on the Edge*, Harvard Business School Press.（佐藤洋一訳『変化に勝つ経営』トッパン，1999 年）

Buckman, R. H.（2004）*Building A Knowledge-Driven Organization*, McGraw-Hill.（日本ナレッジ・マネジメント学会翻訳委員会訳『知識コミュニティにおける経営』シュプリンガー・フェアラーク東京，2005 年）

Malone, T. W.（2004）*The Future of Work*, Harvard Business School Press.（高橋則明訳『フューチャー・オブ・ワーク』ランダムハウス講談社，2004 年）

Seifter, H. and P. Economy（2001）*Leadership Ensemble*, Times Books.（鈴木主税訳『オルフェウス・プロセス』角川書店，2002 年）

水越伸（2002）『NHK「変革の世紀①」市民・組織・英知』NHK 出版

大木裕子（2004）『オーケストラのマネジメント』文眞堂

《推薦図書》

1. Seifter, H. and P. Economy（2001）*Leadership Ensemble*, Times Books.（鈴木主税訳『オルフェウス・プロセス』角川書店，2002 年）
   オルフェイス室内管弦楽団のマルチリーダー型組織の実態について触れた書．

2. Buckman, R. H.（2004）*Building A Knowledge-Driven Organization*, McGraw-Hill.（日本ナレッジ・マネジメント学会翻訳委員会訳『知識コミュニティにおける経営』シュプリンガー・フェアラーク東京，2005 年）
   バックマン・ラボラトリーズによる知識経営について詳しく解説した書．

3. Bartlett, C. A. and S. Ghoshal (1997) *The Individualized Corporation*, HarperCollins.（グロービス・マネジメント・インスティテュート訳『個を活かす企業：自己変革を続ける組織の条件』ダイヤモンド社，1999 年）

   組織構造から人材という個を活かす経営への転換を謳った好書.

索　引

あ行

IT 革命　43
IT ガバナンス　53
アウトソーシング　38
アウトプット　23
アカウンタビリティ（説明責任）　66
アクター　12
アクティビスト　122
アジア太平洋地域　131
ASEAN 自由貿易地域　128
AFTA　128
アライアンス　38
アルゼンチン・ブラジル関税同盟　128
アンソフ, I.　98
E コマース　46
意識の壁　122
「一貫性」文化　154
EDI　46
移転　174
意図的につくり出された集団　4
イノベーション　20
e ビジネス　46
EU　127
因果関係の曖昧性や非証明性　174
インターネット　43
インディペンデント・コーディネーター　138
インディペンデント・コントローラー　138
イントラネット　48
インプット　23
インフラストラクチャー　115
インペリアリスト　120
ウイルス　53
ウィン-ウィンの関係　37
ウェーバー, M.　10, 164
ウェルズ, L. T.　103
ウッドワード, J.　76
売上・利益主義　116
営利　21
　　　──企業　54
エクストラネット　48
エクセレントカンパニー　144
SSC　135
NIH シンドローム　116
NGO　56
NPO　3, 56
ABB　121
M&A　38
MBA　144
Ericsson 社　115
エレクトロニクス HQ　115
エンパワーメント　170

欧州共同体　127
欧州経済共同体　127
欧州地域　131
欧州本社　134
応答　102
OJT　162
オーナーシップ　170
オーバーラップモデル　99
オフィサイト・ミーティング　173
オープン・システム　13
オペレーショナル・ヘッドクォーター　135
オペレーションの効率化　124
オムロン　165
親子関係　33
オルフェウス室内管弦楽団　183

か行

海外子会社　92, 113
会議　172
　　　──リーダー力　172
会合　172
介護保険制度　60
階層　17
　　　──性　164
外注　34
解凍（アンフリーズ）　155
下位の者（部下）　9
外部環境　75
外部業務委託　38
下位文化　146
開放的システム　13
顔のみえないコミュニケーション　52
学習しない組織　166
学習組織　162
学習プラットフォーム　134
革新的起業家　182
仮想空間　45
価値観，思考様式の均一化　149
活動主義者　122
合併・買収　39
株式の相互持合い　30
ガルブレイス, J. R.　108
環境変化の動態性　78
関係資本　176
監視・批判型　60
関税同盟　127
管理　8
管理階層　8
管理業務　8
管理統制者　182
官僚化の弊害　90
官僚制　10, 11

索　引

――組織　11
――の技術的優位性　164
――の逆機能　11
関係の悪さ　174
機械的組織　93
企画部門　113
企業間提携　38, 40
企業グループ　30
企業系列　32
企業―消費者間の取引　46
企業同士の取引　46
企業内教育研究会の報告書　162
企業内大学　176
技術　75
――提携　38
機能＆サービス　118
機能別組織　85
ギブ・アンド・テイク　34
規模の経済性　86
逆機能　149
キャッシュフロー主義　116
キャリア・ディベロップメント・プラン　124
旧財閥系　30
吸収能力　174
――の欠如　174
共創　172
協創　172
協働意欲　5
共同開発　38
共同作業　40
業務遂行者　182
業務の水平的拡大　8
共有ビジョンの構築　168
規律　158
金管楽器奏者　183
クォード・リージョナル戦略　134
クラスター　176
クリック＆モルタル　52
グリット　105
クローズド・システム　13
グローバル　130
――・ハブ　115
――・マトリクス　105
経営目標　17, 20
経営理念　17
――・哲学　17
経済統合　127
契約　157
系列　35
――内企業　34
下宿の管理人　134
ゲートキーパー　174
ケネティクス　187
弦楽器奏者　183
権限委譲　91
権限責任の分担　164

現実空間　45
原子力共同体　127
コア・コンピタンス　50, 175
コア・スタッフ　116
工業集積　176
貢献意欲　5
公私分離　164
交創　172
合弁事業　38
後方部　106
効率性　21
コーポレート・センター　113
個客　175
顧客満足度　20
国際事業部　104
ゴシャール，S.　157
個人情報保護法　53
コスモポリタン的　93
国境連合　127
固定概念の打破　168
コーポレート開発　118
コーポレート・ヘッドクォーター　114
コーポレート・ユニバーシティ　176
コミュニケーション革命　44
コラボレーション　40, 172
個を活かす組織　181
コンサートマスター　183
コンサルテーション　175
コンソーシアム　38
コンティンジェンシー理論　95
コンテキストの特性　174
コントロール　157
コンプライアンス　20
コンフリクト　86

さ行

最高経営責任者　53
最高執行責任者　53
最小限主義者　121
再凍結（リフリーズ）　156
サイバースペース　45
財閥解体　30
財務部門　113
サービス業　98
The Fortune Global 500　129
サブ・カルチャー　146
サポート　158
「参加」文化　153
CIO　53
CRM　175
GE　106
CALS　46
CEO　53
シェアード・サービス・センター　135
CS　20
CLO　170

194

支援管理センター　135
COO　53
時間効率　101
時間の壁　123
事業型　60
事業サポート　113
事業部製組織　88
資源効率　101
資源の共有による費用節約　85
資源配分者　182
自己統治　57
自己保存，自社の組織文化へのかどの固執　149
自己マスタリー　168
市場取引　35
システム思考　168
慈善型　60
自然発生的な集団　4
下請系列　32
C2C　46
自動車産業　32
シナジー　118
　　――の罠　120
支配―従属関係　34
自発性　57
事務局　62
使命　17
社員総会　62
社会資本　176
社会性次元　21
社会的使命　56
社会的なイノベーション　60
社長会　30
集団　4
　　――的意思決定　99
ジュリアード音楽院　186
順機能　11
順応　102
ジョイント・ベンチャー　38
上位者（上司）　9
障害となる組織コンテクスト　174
小規模組織　6
常識の壁　123
常時接続　43
承認図メーカー　34
消費者同士の取引　46
情報技術　43
情報セキュリティ問題　53
情報戦略担当役員　53
情報・知識管理　50
情報粘着性　174
職務　9
　　――記述書　9
　　――分掌規定　9
自律分散型　25
人材育成　162

人事部門　113
新製品開発比率　20
シンボリックマネジャー　144
人本主義　116
信頼　158
垂直的分化　9
水平的分化　9
スキルの壁　123
スズランスキー, G.　174
スタッフ部門　81
スタンドアローン　118
ステークホルダー　20
ステージモデル　103, 104
ストーカー, G. M.　93
ストップフォード, J.　103
ストレッチ　158
世界標準　132
生産機能　86
生産系列　32
生産コスト　35
政治連合　127
製造業　98
成長ベクトル　98
政府組織　54
制約　157
世界合理性　132
石炭鋼鉄共同体　127
責任　102
　　――と権限の一致　9
セクショナリズム　90, 166
セミ・ストラクチャー　186
センゲ, P. M.　168
選択と集中　50, 175
前方部　106
専門組織　98
専門的機能　86
専門的訓練　164
専門的知識の蓄積　85
戦略センター　114, 135
戦略的アライアンス　39, 40
戦略的な窓　134
戦略的ミドル　27
相互依存関係　14
総合企業集団　30
相互共育（啓発）　163
装置　134
総務部門　113
組織　4
　　――化　9
　　――間関係　4
　　――慣性　11
　　――建設者　182
　　――構造　72
　　――単位　7
　　――デザインの基本要素　75
　　――内の環境特性　157

索　引

　　──の規模　75
　　──の水平的拡大　8
　　──の体系　10
　　──の中抜き　26
組織文化　143, 145
　　──の変革プロセス　155
SOHO　52
ソリューション　175

た 行

大企業病　164
大規模組織　6
第 3 の担い手　59
貸与図　34
対話　171
多角化された多国籍企業　103, 117
多角化分析　98
打楽器奏者　183
タスクフォース　99
脱下請化　38
立石一真　165
ダフト，R. L.　23, 100
多目標志向型のシステム　20
ダンカン，R. B.　77
地域統括部門　90
地域別事業部　104
地域別組織　90
地域本社　136
小さな本社　114
チーム学習者　168
知識共有文化の創造　188
知識経済　136
知識センター　135
知識粘着性　174
知識の特性　174
チーフ・ラーニング・オフィサー　170
チャンドラー，A. D.　88
中間組織　36
中間にあるミドル　27
調整役　26
調達コスト　35
直系組織　80
通貨統合　127
ツーボス・マネジャー　105
強い工場・弱い本社症候群　124
「強い」組織文化　150
DMNC　103
帝国主義者　120
ディベート能力　172
ディペンデント・コーディネーター　137
ディペンデント・コントローラー　138
「適応性」文化　153
デザイン・イン　34
デニソン，D. R.　150
デービス，S. M.　98
電子商取引　46

電子政府化の進展に伴う企業政府間のネット上で
　　の取引　46
電脳空間　45
統合　7
統治の範囲　73
特定非営利活動促進法　56
独立採算　89
特許出願数　20
ドット・コム企業　52
トップダウン型　25, 169
トップ・マネジメント　24
トライ・リージョナル戦略　133
トランスナショナル　130
　　──企業　113
取引コスト　35
トレードオフ　21

な 行

内製　34
　　──化率　32, 34
内部育成型　39
内部ガバナンス（統治）機構　62
内部効率性　13
内部組織化　35
内部プロセス　23
なぜ会社はかわれないか　173
ナレッジ・ワーカー（知識労働者）　49
NAFTA　127
ナポレオン　82
ナレッジ共有　174
ナレッジ・フロー　174
南米南部共同市場　128
2 本社制　115
Newsweek 日本版　130
二律背反　21
ネット・ビジネス　46
ネットワーク型　50
ノミニケーション　173

は 行

媒介者　26
ハイブリッド構造　106
バイ・リージョナル戦略　133
パーシー・バーネビック　121
バーチャル・カンパニー　50
バーチャル・コーポレーション　50
バーチャルスペース　45
ハッカー　53
バックエンド　106
パックマン・ラボラトリーズ社　186
バートレッド，C. A.　157
バブル崩壊　31
バーンズ，T.　93
販売機能　86
PIMS　144
BHP-Billiton 社　114

非営利　54, 57
　　──センター国際比較プロジェクト　57
　　──組織　98
ヒエラルキー組織　8
ヒザズメ　173
ビジョナリー・リーダーシップ　156
ビジョン　19
　　──形成　169
非政府　57
　　──組織　56
B2C　46
B2G　46
B2B　46
PPM　144
ピラミッド型　32
Fortune　129
フォーマル　57
フォーラム　187
服従　157
藤本隆宏　124
部門間の調整　87
プラットフォーム　176
Plan - Do - See　8
振替価格　89
ブリック&クリック　52
フリーライダー　186
プレーイング・マネジャー　186
プレゼンテーション能力　172
ブローカー　134
プロシア　82
プロジェクトX　173
プロダクト・ポートフォリオ・マネジメント　98
ブロードバンド　43
プロフィット・センター　88
プロフィット・ゾーン　106
フロントエンド　106
　　──／バックエンド組織　106
フロントライン　182
分化　6
　　──と統合　11
文化連合　127
分業　6
分散処理方式　49
文書主義　164
分析麻痺症候群　145
米加自由貿易協定　127
閉鎖的なシステム　13
米州自由貿易地域　127
変化（チェンジ）　155
ベンチマーキング　123
報告義務・説明責任　9
法令順守　20
ポーター, M.E.　124
北米自由貿易協定　127
北米地域　131

保持能力の欠如　174
ホスト地域志向戦略　133
ポスト・マトリクス　100
ボストン・コンサルティング・グループ（BCG）　98
ボトムアップ型　25, 169
ホーム地域志向戦略　132
ボランタリズム　62
ボランタリー組織　62
ボランティア活動　56
ボランティア・グループ　63
本社スタッフ　91
本社組織のピュア化　122

ま行

マイナスシナジー　120
マグネット　134
マトリクス　98
　　──組織　98
マートン, R.　164
マネジメント／組織開発者　182
マネジメント・プロセス　8
マルチドメスティック　130
マルチリージョナル　130
ミックス・ストラクチャー　105
ミッション　17, 56
　　──文化　153
ミッシング・リンク　134
ミーティング　172
ミドル・アップ・ダウン型　25
ミドル不要論　26
ミドル・マネジメント　26
ミドルマン　134
ミニマリスト　121
民間　54
　　──非営利組織　54
メイク・オア・バイ　34
命令一元化の原則　10, 80
メインバンク制　32
メタ・ネットワーク　43
MERCOSUR　128
目的と手段の転倒　164
モダンタイムス　77
モチベーションの欠如　174
　　──と信頼性の欠如　174
木管楽器奏者　183
モバイル通信　43
モバイル・ワーク　52
モルトケ　82

や行

有機的組織　94
有効性　21
ユビキタス・ネットワーク化　43

ら行

ライセンス供与　38
ライン・アンド・スタッフ組織　79, 81
ライン組織　79
ラーニング・バイ・ドゥーイング　35
リアルスペース　45
利害関係者　20, 23
理事会　62
利益責任単位　88
リンケージ　118
倫理基準書　189
ルーチン　11

テレワーク　52
連結ピン　26
ローカル・エリア・ネットワーク（LAN）　48
六大企業集団　30
ローレンス, P. R.　98

わ行

ワイガヤ　173
ワトキンス, K. E.　166
ワールドワイド製品事業部　105
ワールドワイド・ハイブリッド　105
ワンセット主義　31

編著者紹介

松崎　和久（まつざき　かずひさ）
高千穂大学経営学部教授
明治大学大学院博士前期課程修了
経営戦略論・国際経営論専攻
『トライアド経営の論理』同文舘，2005年
『日本企業のグループ経営と学習』(編著) 同文舘，2004年
『グローカル経営』(共著) 同文舘，2004年
『経営学の新展開』(共著) ミネルヴァ書房，2003年
『経営学の多角的視座』(編著) 創成社，2002年

マネジメント基本全集9　経営組織（オーガニゼーション）
組織デザインと組織変革

2006年2月20日　第一版第一刷発行

編著者　松　崎　和　久
監修者　根　本　　孝
　　　　茂　垣　広　志
発行者　田　中　千　津　子

発行所　株式会社　学文社

〒153-0064　東京都目黒区下目黒3-6-1
電話(3715)1501代・振替00130-9-98842

（落丁・乱丁の場合は本社でお取替します）　・検印省略
（定価はカバーに表示してあります）　印刷/新灯印刷株式会社
©2006 MATSUZAKI Kazuhisa Printed in Japan　ISBN4-7620-1494-X